基于产教融合视域下
高职院校学生发展研究

—— 晏　然 ◎ 著 ——

吉林出版集团股份有限公司
全国百佳图书出版单位

图书在版编目（CIP）数据

基于产教融合视域下高职院校学生发展研究 / 晏然
著. -- 长春：吉林出版集团股份有限公司，2022.9

ISBN 978-7-5731-2342-8

Ⅰ．①基… Ⅱ．①晏… Ⅲ．①高等职业教育－大学生
－发展－研究 Ⅳ．①G718.5

中国版本图书馆CIP数据核字 (2022) 第182727号

JIYU CHANJIAO RONGHE SHIYU XIA GAOZHI YUANXIAO XUESHENG FAZHAN YANJIU

基于产教融合视域下高职院校学生发展研究

著　　者	晏　然	
责任编辑	田　璐	
装帧设计	朱秋丽	
出　　版	吉林出版集团股份有限公司	
发　　行	吉林出版集团青少年书刊发行有限公司	
地　　址	吉林省长春市福祉大路 5788 号	
电　　话	0431-81629808	
印　　刷	北京银祥印刷有限公司	
版　　次	2022 年 9 月第 1 版	
印　　次	2022 年 9 月第 1 次印刷	
开　　本	787 mm × 1092 mm　1/16	
印　　张	10.25	
字　　数	236千字	
书　　号	ISBN 978-7-5731-2342-8	
定　　价	65.00元	

前　言

现在,我国对更高素质、更高层次技术技能人才的需求越来越强烈。2019 年颁布的《国家职业教育改革实施方案》明确了职业教育与普通教育具有同等重要的地位,并将深化产教融合、校企合作作为职业教育改革的重点之一。

党的十九大报告提出要"完善职业教育和培训体系,深化产教融合、校企合作",这是党中央对中国特色职业教育的新定位、新要求,为高职教育在新时代推进内涵建设和创新发展进一步指明了方向。产教融合是高职院校发展的动力之源和目标所向,也是企业精准培养所需人才,推动核心技术突破的可行路径。对新形势下全面提高教育质量、扩大就业创业、推进经济转型升级、培育经济发展新动能具有重要意义。

改革开放以来,我国高等职业教育主动回应经济社会的发展需求,扎根中国大地,持续探索实践,实现了从无到有、从小到大的快速发展。特别是进入 21 世纪以来,我国高等职业院校数量、在校生人数和毕业生人数持续增长,其规模已占普通高等教育的半壁江山,高等职业教育在优化高等教育结构和引领职业教育发展中的作用进一步凸显,逐步形成了具有时代特征的类型特色,走出了一条适合中国国情、体现中国特色的发展道路。

作为服务区域产业发展的高职教育,其功能定位是为区域产业培养高素质技术技能人才。

而产教融合是高职教育增强服务区域产业发展能力和提高人才培养质量的必然选择。所以,高职院校要大力推进产教融合、校企合作等举措,在专业建设上狠抓成效,真正实现"产教融合、校企合作"的内涵,提振产教融合、共赢发展的信心。

基于此,特撰写本书,旨在通过微薄之力对产教融合视域下高职院校学生发展进行研究,以此来提高高职院校产教融合教育模式的发展水平。

本书共分为六章:第一章进行了综合论述,为广大读者梳理了本书写作的背景、产教融合基本内涵和高职教育的基本理论,以及与学生发展的核心素养等相关的知识,这是为读者的后续阅读进行的良好铺垫;第二章介绍了高职院校产教融合的运行机制建设,将五种常见的机制——"双师"交流机制、校企实践基地共建机制、校企双向服务机制、产教融合就业机制、产教融合激励机制——分列出来,进行剖析,能够让读者对产教融合的运营机制了然于心;第三章拉开了对产教融合背景下高职院校人才培养模式研究的序幕,从目前来看,大部分高职院校以促进学生发展为抓手,大力推进现代学徒制、"1+X"证书试点、学分制改革等举措,在专业建设上取得了初步成效,实现了"产教融合、校企合作",

受到了社会各界的充分认可；第四章是高职学生发展性评价体系、调查及对策，从高职学生发展性教学评价体系、高职学生发展性评价调查分析、高职学生发展性评价建议与对策共三个方面来呼应本章的主题；第五章为产教融合背景下高职院校学生发展的实施路径、学生核心能力的培养方法、学生发展可持续能力培养、学生创新创业能力的培养、学生毕业就业能力的提升四节内容，在产教融合背景下会碰撞出的"火花"；第六章为产教融合发展共同体——促进高职学生就业创业，论述了产教发展共同体的目标内容，并选取了"阳光直通车"的案例进行分析，共促学生就业创业的成效，以此达到举一反三、共同进步的效果。

　　本书在撰写过程中，笔者参阅了大量教材和相关资料，吸收了许多有益的内容，由于笔者水平有限，书中难免有疏漏和不当之处，恳请广大师生和读者予以批评指正，以臻完善。

目　录

第一章　理论综述

我国高职教育 20 年的健康发展，既是对校企合作、工学结合的实践探索，也是对坚持产教融合这一重要经验的最好诠释。尤为可贵的是，我国特色的高职教育改革是从基层院校的实践探索开始的，一批高职院校坚持与产业互通互融，努力将代表产业发展趋势的优秀元素融入教育教学过程，在创新人才培养模式、建设专兼结合的教学团队、服务社会、服务地方、服务企业和形成办学特色等方面取得了明显成效，加快了高职教育改革步伐，走出一条不同于普通高校的发展之路，将产教融合的内涵提升到一个新的高度，显示出了空前的活力和勃勃生机。

第一节　本书写作的背景

高等职业教育的发展为我国高新技术产业、现代制造业、现代农业和现代服务业提供了强有力的人才支撑，满足了企业对技术技能型和应用型人才的需求。但是随着社会的进步，高等职业教育越来越不适应经济社会的发展，越来越不适应从"中国制造"到"中国创造"发展模式的变革。如何加强高等职业院校的管理，亟待从理论和实践上进行探索。教育部早在 2006 年 11 月就启动百所示范性高等职业院校建设工程，随后国家实施地方政府促进高等职业教育发展综合改革试点项目，努力打造高职特色，努力创新管理模式，实现职业教育与地方经济的融合发展。通过在这几方面深入、全面的探索，明确了发展产教融合这种新的模式比较适合高职院校的发展，即整合办学资源、坚持融合发展是提升高职院校快速发展的不二选择。

一、如何理解融合？

第一，融合是一种理念，一种方法。这种理念是高等职业院校必须走出去，主动地与区域经济相融合，与企业、行业相融合，主动及时地掌握科技发展、技术进步的最新动向和信息。同时，这种理念也要求高等职业院校把校外的企业、专家、资源、技术、方法请进来，为我所用，促进学校的发展。

第二，融合是一种行动。有了请进来、走出去的理念和意识，就要付之于实际行动。采取主动的形式、主动的姿态、多样的方式和多种手段与校外企业进行融合。万事开头难，高等职业院校在融合的起步阶段肯定会面临诸多困难，这些困难有政策和途径上的，也有意识和方法上的。但是高等职业院校不能因此徘徊不前，而是要大胆地实践，勇于迈出融合发展的步伐。

第三，融合是要达到的一种目标状态。职业教育一直在倡导"校企合作""产学一体"，这其实是在表达一种学校与企业结合的观念。融合发展理念比"结合"范围更宽、程度更深，更加不可分割。因为融合不只是在人才培养、专业建设等方面的融合，还涵盖了高等职业院校发展过程中的各个方面，所要达到的是一种水乳交融、你中有我、我中有你的更深刻的结合状态。

第四，融合是一种联动和互动的过程。经济的转变，科学技术的更新，将会影响企业技术和生产方式的转变，而企业的转变必将对人才需求产生影响，最终影响学校人才培养方式的转变，这一系列的影响过程形成了一种联动的过程。反过来，学校的人才培养方式也会对企业的生产和经济的发展产生影响。这是一个互动过程，高等职业院校与企业、经济的融合正是这种互动过程的体现。

第五，融合还是一种工作方式和工作能力的体现。在高等职业学校的发展过程中，要求学校不断提高自身的能力水平，学会发现融合的机会，找到融合的切入点与突破口，还要有较强的交际公关能力和执行能力。这些能力是融合发展的必要条件，也是融合过程中学校的收获所在。

二、高等职业学校须走融合发展的道路

（一）高等职业学校走产教融合之路是高职学校人才培养特点的要求

高等职业学校培养的学生直接服务于区域经济和各类企业，相比普通高等学校的学生，高职学生具有"技能型、实用型、上手快、能力强"的特点。如何才能培养出满足区域经济和各类企业要求的学生呢？"春江水暖鸭先知"，企业是最先感受社会经济和科技发展的主体，高等职业学校要主动与企业融合，感悟经济发展的脉搏，感悟科技发展的最新动态。感知到企业对学生的最新需求之后，高等职业学校才能更及时地转变培养方案、教学内容和教学方法。通过到企业调研，可以帮助学校更及时地了解企业一线的需要，为培养"技能型、实用型、上手快、能力强"的人才发挥非常好的参照作用。

（二）产教融合是高等职业学校生存发展的必然要求

立足区域，服务地方经济是高等职业学校赖以生存的根本。如果没有与地方经济密切结合的根基，高等职业学校就很难生存和发展。因此，为主动适应区域经济发展的需要和高等职业教育改革发展的新形势，学校要坚持产教融合发展的办学理念，也就是与企业融合、与开发区融合，推进办学机制、育人机制、社会服务机制的改革创新。与企业进行对接，深入一线实践中去，切实了解企业的情况与需求。教师要下企业锻炼，同时学校也要请一线的技术能手在学校担任兼职教师。"树大根深"，而只有根深才能树大，深深扎根于区域经济，才能为学校奠定良好的生存和发展的基础。

（三）产教融合发展可以提高高等职业学校的生存适应能力

高等职业院校都处在一定的区域环境之中。正如达尔文的进化论所揭示的生物适者生存的原理一样，"适者生，不适者亡，用者生，不用者亡"，学校要生存发展就要能够及时地调整自己，主动地适应环境。高等职业学校的发展需要大量的资源，而这些资源来自政府、行业、企业、市场和社会，高等职业学校需要与它们融合才能知道哪里有资源，也才能从中获得资源。为主动适应区域经济发展的需要和高等职业教育改革发展的新形势，要定位思想，坚持产教融合发展的办学理念，也就是与企业融合。只有提高适应性和竞争力，融合才能提高，才能参与分配社会资源。

三、高等职业学校在产教融合中要注意的问题

高等职业学校走产教融合发展之路，就要采取切实的行动。具体要注意以下问题：

（一）要转变作风和方法

作风是一种水平、一种风貌、一种胸怀，作为高等职业学校，从领导到普通的教职工都要从思想上、作风上进行转变，要有谦虚的态度，能够"知己之不足，知时代之变化，知世界之深奥"，主动走出去，逐渐培养与外界融合的能力与信心。转变工作思维方法，从实际情况出发，主动地适应环境，转变以往"重理念，轻实践"的作风与方法。

（二）要有良好的心态和思想境界

高等职业院校在产教融合中必然会遇到一定的困难与挫折，也可能遭到冷遇，得不到认可。因此，必须有良好的心态，在融合的过程中锻炼自己，提高自己的思想境界，以较强的事业心和责任感去对待工作，宽以待人，胸怀高远。

（三）要有务实严谨、雷厉风行的工作作风

目前，经济的发展和科技的进步日新月异，稍有放松就会失去紧跟时代的发展机遇。高等职业院校同样如此，如果工作作风不够严谨务实，不够迅速，就很有可能被时代所淘汰。因此，产教融合之路任重而道远，时间非常紧迫，高职院校要有务实严谨、雷厉风行的作风，主动抓住机遇，加快发展壮大的步伐。

（四）要进一步完善机制和转变体制

高等职业学校要积极地完善机制，转变体制，采取切实有效的手段适应社会和区域经济。例如建立"政、校、企、行"的合作理事会，加强政府、学校、企业、行业的四方联动，建立学校与开发区的联合发展战略关系，建立与世界知名企业的合作培养机制等一系列适应学校融合发展的工作机制，同时积极争取政府帮助。

（五）要找准融合的切入点

高等职业院校要全方位地开展融合，从多个领域进行融合，以多种形式促融合，用多

种手段抓融合。在与企业的融合中，既可以开展顶岗实习，也可以进行企业实训、订单培养、合作办学，还可以表现出多种形态，如搞"校中厂""厂中校"，既可以是短期的合作，也可以是长期的战略共赢。要全方位、全空间、多领域地与开发区，进而与京津冀、环渤海地区的经济进行融合。

（六）高等职业学校要全员参与到融合中来

从领导到普通教职工都要树立忧患意识，思考学校发展的问题。"全员行动，从我做起，主动出击，常抓不懈"，要让融合的理念深入人心，并落实到行动中来，要让融合的理念体现在学校的每一项工作中。从教学、科研、实践到行政工作、学生管理、后勤保障，每一个环节都体现融合发展的理念。人人谈融合，人人想融合，人人做融合，只有这样，学校才能真正走上一条融合中的发展之路。

第二节　产教融合的基本内涵

产教融合是当今开展高职教育的重要指导思想，是顺应社会发展与产业结构革新的必然发展方向。

2014年8月《国务院关于加快发展现代职业教育的决定》指出，到2020年，要形成产教融合，适应发展需求，发展现代职业教育体系。随着高职教育改革的纵向深入，在"产教融合"的重要指导思想下，高职院校肩负着传承技能，培养人才，促进创新的重要使命。这要求高职院校在人才培养模式中进行创新改革，为行业企业供给能够满足发展需求的技术技能人才。

一、研究现状

"产教融合"一词，最早是2007年《中国职业技术教育》杂志上刊发的，由施也频、陈斌撰写的《产教融合，特色办学》一文。该文讨论的问题，基本上是校企合作问题。从学术角度来看，产教融合的产生，具有先天不足的特点，一开始就将产教融合与校企合作混为一谈。许多人在谈产教融合时，实际上谈的是校企合作，在促进产教融合时，促进的对象也是校企合作。事实上，产教融合与校企合作有相近的功能，如果职业教育校企合作能够顺利实施，对产教融合的期待也许就没有这么迫切。例如，德国从制度上保障校企合作能够落实，职业教育实行的是"双元制"，并不是产教融合制度。同时，产业融合快速发展，激发了职业教育工作者的热情和想象力。10余年来，职业教育领域的决策者、实践者和研究者对其进行了探索，发表论文1900余篇。从研究过程来看，2007—2013年处于研究的沉寂期，7年仅发表论文10篇；2014—2016年进入活跃期，3年发表论文630篇；2017年开始进入繁荣期，不到两年，发表论文1279篇。在这些论文中，从政策和经验的角度对产教融合的研究和论述较多，而从学术性角度展开的研究相对稀缺。目前关于产教融合的相关研究如下：

（一）基本概念研究现状

研究者大都把"产教融合"与"校企合作""产教结合"等相接近的表述做比较研究。例如，管丹（2016）把"产教融合"与"校企合作"概念做了比较分析，认为这两个概念都契合职业教育的跨界特征，但在内涵上完全不同。王丹中（2014）把"产教融合"与近20年来我国职业教育界使用过的相关表述做了比较，指出变化主要体现在两个方面：一是从校企、产学到产教的变化；二是从结合、合作到融合的变化。他认为这些表述上的频繁变化，既反映了人们认知上的与时俱进，也反映了职业教育理论研究的不成熟。从研究内容来看，什么是产教融合，至今还没有权威的解释，也还没有人给出明确的、公认的定义。研究者对产教融合具体内涵的阐释是不尽相同的。一部分研究者认为产教融合就是校企合作的"升级版"。譬如，陈友年、周常青和吴祝平（2014）认为，"产教融合"就是职业教育与产业的深度合作，职业院校与行业企业开展深度合作的目的是提高人才培养质量。吴祝平（2015）指出，"产教融合"是在校企合作探索基础上的进一步发展，它要求政府、行业、企业承担更大的责任，同时也赋予了行业、企业更大的教育权利，对高职院校提出了更高层次的要求。

另有一些研究者则是站在更高的层面阐释了"产教融合"的内涵。曹丹（2015）从词源学视角对"产教融合"做了分析，认为"产教融合"这个术语的本质是生产与教育培训的一体化，在生产实境中教学、在教学中生产，生产和教学密不可分、水乳交融，具体表现是行业企业与高职院校为了各自的发展需要水乳交融地合为一体。王丹中（2014）则从当前的时代发展特征出发，进一步指出，融合是当前的时代特征，融合发展是科学发展的主要特征之一，"产教融合"传达出了一些新的理念和导向，反映了我国当前产业转型升级和高职教育内涵发展进程中，"产业"与"教育"水乳交融、互为因果的必然逻辑。在合作水平上，"产教融合"不仅是学校与企业合作培养技术技能人才，还延伸到整个产业价值链，是所有元素高度互补的资源整合和一体化合作，是基于共同利益的共同发展。"产教融合"的概念内涵，要从职业教育的特征、职能和当前经济社会发展背景三个维度着手去准确把握，而不可"瞎子摸象"，各执一端。相比于普通教育，职业教育兼具教育属性和经济属性，也同样肩负着人才培养、技术研发、社会服务和文化传承等职能。在当前经济"新常态"的背景下，职业教育要"坚持产教融合发展，推动职业教育融入经济社会发展和改革开放的全过程"，更加突出它的经济属性，为经济社会发展提供更强有力的技术技能人才支撑、技术支持等多元化服务。因此，"产教融合"不是仅仅为了提高人才培养质量，不是校企合作的简单升级，而是拓展职业教育社会服务职能的现实路径，是职业教育的基本特征，是职业院校发展的基本原则。研究者要基于上述定位，进一步凝练形成"产教融合"的基本定义。

（二）产教融合的利益相关者研究现状

产教融合涉及的利益相关者主体是政府、行业、企业、学校四方。这四方主体的角色定位是否准确、职责界定是否清晰以及作用发挥是否充分，是决定产教融合成败的关键。龙德毅（2015）从角色职责角度出发，认为行业是职业教育教学标准的制定者，职业院校是教育教学标准的实施者，政府是标准制定与实施的监督者，这种角色定位应该作为现代职业教育产教融合、校企合作的基本制度之一。

杨善江（2014）基于"三重螺旋"理论框架，探讨政府、企业和院校三者的角色及相互关系。他指出，在三重螺旋模型中，高职院校主要负责知识传播、知识转移和知识创新，培养高素质人才；企业主要开展科技创新和传播，致力于技术成果的应用和转移；政府不断制定和完善法律法规，提供相关政策保障，不断规范各方的合作行为，大力推进产教融合、校企合作。在相互关系中，三者并不是三条平行线，也不是简单的两两交叉，而是三者之间交织融合在一起，相互作用，呈螺旋缠绕状态，形成持续紧密的合作伙伴关系。马宏斌（2015）以三螺旋理论为分析工具，以河南省为例，构建了"政府政策推动高等职业教育产教融合、高等职业教育主动融入市场对接产业、企业主动与高职院校合作融合"三螺旋模型，为河南省经济发展提供内生动力。

产教融合中的政、行、企、校四方角色，在定位上是清晰的，职责界定是明确的。但在实际工作中，如何通过搭建平台载体，使各方主体彼此交融、互为作用，形成紧密的合作关系，如何通过建立有效的调节机制，使各方主体积极主动地履行职责并发挥作用，切实推进产教融合，还需要在实践中开展创新探索，寻求破解之道。

（三）高职院校产教融合机制研究现状

学术界关于高职院校产教结合、产教融合的机制研究，代表性的观点主要集中在模式、策略等方面。在模式上，认为可以促进产教融合。产教融合机制有以下几种，即基于产业园的产教融合模式、校企共建技术研究中心模式、校企共建二级学院模式、集团公司主导下的双师团队共建模式、校企共建学生工作室模式等。从产教融合的阶段角度，兰小云提出了"初级阶段'院校主体，政府主导'、中级阶段'双方主体，利益主导'、高级阶段'融为一体，价值观主导'"的产教融合机制变化模型，并指出，随着经济增长方式的转变、产教融合的不断推进，对合作育人的认识趋同，校企双方将融为一体，形成由价值观主导的产教融合机制，这将是产教融合的最高境界。在策略层面，耿洁提出寻找职业学校与企业关系的连接点，即人力资本；罗汝珍提出应构建具有技术研究、技术培训、技术推广和技术服务等多项功能的合作平台；蒋亚琴提出应创新课程、教学体系，打造师资队伍平等融合；宋超先等提出产教融合机制构建需坚持四项原则，即"双师型"教师或企业派人参与日常管理、制定并遵守仿照企业管理的一整套运行制度、开展"产学研"和对外服务培训、学校和外部环境的大力扶持。韦佳认为，产学合作长效机制应涵盖利益机制、激励机制、约束机制、情感机制、宏观教育机制、灵活运行机制、综合评价机制、政府激励机制、互惠互利的动力机制等；周劲松等从产教结合的主体机制创新上，提出职业院校"伺服型"市场响应机制、共生发展的利益分享机制、合作培育机制和企业化管理模式的建立和企业长期发展机制、资源储备与积累机制、自我约束机制的建立。刘建湘等从政府的视角，提出政府应宏观调控，构建区域资源融合平台，完善健全产教融合机制。

在方法上，浙江工贸职院通过实践，探索并提出了政府主导的"向度"、高职教育的"高度"、协同育人的"深度"、社会服务的"宽度"的架构和方法，尝试从政府、企业和高职院校参与合作的作用和相互关系出发，进行高职教育产教融合外部保障机制和内部合作机制的构建，以促进高职教育产教融合的有效发展。所有这些研究，为产教融合机制的构建提供了很好的研究和实践基础，基本涉及产教融合、产教融合应涉及的范畴，但没有解决新时代产教融合的切入点以及融合体的具体功能和运行的机制问题，无法形成比较理想的系统化指导思路。高职院校产教融合机制应建立在充分理解高职院校和产业特征的基础上，通过建立相应的合作关系、合作平台和工作制度，整合和配置相关资源，满足各方主体的利益需求，以推进产教融合的实现。

综上所述，在学术界，"产教融合、校企合作"虽已成为老生常谈的热门研究主题，但产教融合的机制创新在不同时期有不同的内涵和特征。同时，纵观产教融合的研究成果，有关产教融合内涵、特征、院校实践经验等相关研究较多，对于新时期高职院校产教融合的宏观、中观、微观层面的机制创新很少有系统化的研究。

二、产教融合内涵

（一）产教融合

1. 产与教

"产"，即产业；"教"即教育，可特指职业教育。产教融合是基于产、教是不同的两个国民经济部门而提出的。产业是在社会专业分工基础上形成的相对独立、相对稳定的行业或国民经济部门。产业有广义内涵和狭义内涵之分。从广义上来讲，产业泛指一切提供劳务活动和从事生产物质产品的集合体，即从生产、服务、流通至教育、文化的国民经济的各行各业，小至行业，大到部门，都称为产业。从狭义上来讲，产业是指生产物质产品的集合体，即工业部门。产业在世界银行等国际经济组织、国家宏观管理中被提到的往往是其广义内涵。在我国国家统计局印发的《三次产业划分规定》中，教育被列入其中。因此，从这个意义上来讲，教育（含职业教育）作为国民经济的一个部门，也是一个产业。产教关系，实质上是除教育之外的其他产业与职业教育之间的关系。"产教融合"中的"产业"实质上是专指除教育之外的其他产业部门。从社会再生产的角度来看，由于社会分工，教育成了一个独立部门。同时，教育还是一个独立的经济部门，是从物质资料的再生产中独立出来的部门，这是生产力水平发展到一定阶段后的产物。教育与产业具有不同的社会功能。产业的功能是创造社会物质和文化财富，以满足人民不断增长的物质和文化需求。

教育的功能是为产业在生产要素方面提供人力资源，也即企业是社会再生产中的主体，教育应为企业需求服务。职业教育作为教育的一种类型，肩负着为企业培养生产、建设、管理及服务的一线技术技能型人才的重担。职业教育与产业分别是社会再生产链中的一个部门，各自发挥着不同的功能，承担着不同的社会责任，同时又相辅相成、协同合作，并与其他部门共同推进社会再生产的协调有序发展。

2. 产教融合的内涵及现状

产教融合是指教育系统与产业系统的有机结合，具有互利互惠、持续创新、促进就业的特点。随着中国全面建成小康社会的历史进程，工业化、信息化、城镇化正在逐步推进，产业结构的调整必然会推动人才需求的转型。由于产业整体由劳动密集型向技术密集型、资本密集型转变，这要求学校培养出具有应用技能、创新能力并与企业零对接的复合型人才。中国高等教育大众化，既使高学历人才激增，也为高职院校的人才培养模式改革带来了新的挑战。面对产业结构的剧烈变化，高职院校应重视社会需求，融入改革变化，顺应市场对复合型人才的需求，从而调整自身的人才培养模式。自产教融合指导思想提出以来，国内高职院校始终进行积极的探索，但仍存在一些问题：学校与企业之间的合作层次较浅，无法建立深度、有效、长期的合作机制；缺乏宏观层面的调动，目前我国尚未出台倡导产教融合的政策及法规，高职院校对产教融合的理解不够深刻，仅将其视作解决学生就业的途径等。

3. "产教融合"与"产业融合"

职业教育与产业属于不同的国民经济部门，具有不同的性质，这决定了它们的行为方式有所不同。根据公共经济学理论，职业教育属于准公共产品，具有较强的社会外部性，同时具有公益性，即职业教育不以营利为目标，旨在满足社会大众的需要。不同于教育产业，其他产业提供的是私人属性的物品，其生存发展的首要和必要条件是营利。职业教育与其他产业具有不同的性质以及行为目标与方式，决定了"产教融合"与"产业融合"的性质不一样。

"产教融合"，即产业与教育（本书特指高职教育）融为一体，其基本标志是产生新的产教融合体。譬如，高新技术及其相关产业，如数字技术、物联网、人工智能等渗透至职业教育和培训领域，形成新的产教融合体，如 E2E（Educator to Educatee）教育平台和在线教育（e-Learning）。"产业融合"是不同的概念，欧盟对"产业融合"的定义是"产业联盟和合并、技术网络平台和市场等三个角度的融合"。譬如，智能手机就是产业融合的产品，它将通信、物流、金融、文化等多个产业融合为一体。

4. "产教融合"与"产教结合"

产教融合的中心词是"融合"，因而有利于区别"产教融合"与"产教结合"，两者的内涵有很大的不同。在中文语境中，"结合"与"融合"是两个不同含义的词语，"结合"是指事物与人之间发生的密切联系，"融合"是指两种及以上的不同事物合为一体。《华阳国志·汉中志》中记载涪县"屠水出屠山，其源出金银矿，洗，取火融合之，为金银"。也即，融合是指像融化一样融为一体，即多种不同的事物融为一体。融合的结果是形成了新的增长点或新的融合体。X 与 Y "融合"之后，既不会是最初的 X，也不会是最初的 Y，而是产生了新的 Z。

"结合"与"融合"两个概念的不同含义，还体现在事物联系的深度上，"结合"是指相关的事物或人之间松散地联系在一起，并不一定会引起"质变"和"增量"，最多发生"量变"，这种"量变"可以因为一些共同的利益而存在一定的联系，也会因为外界环境的变化或共同利益的消失而随时中断或疏远；"融合"是指相关的事物或人之间发生"质变"，能形成新的融合体，这种新的融合体在内容和形式上大多有异于原事物，能发生质变而提升。

不过，两者之间又有共通性。不管环境如何变化，新的融合体都会与原事物之间产生丝丝缕缕的联系，都承担相应的责任。任何形式的"融合"，都是以"结合"为前提的，只有建立在良好"结合"的基础上，才能最终达到"融合"的效果。可以说，"结合"是"融合"的基础，"融合"是结合的深化。

（二）高职院校产教融合机制

1.机制

（1）基本含义

《现代汉语词典》对"机制"的内涵解释如下：①机器的构造和工作原理，如计算机的机制。②有机体的构造、功能和相互关系，如动脉硬化的机制。③指某些自然现象的物理、化学规律，如优选法中优化对象的机制，也叫机理。④泛指一个工作系统的组织或部分之间相互作用的过程和方式，如市场机制、用人机制、竞争机制等。机制最早源于希腊文的"mechanike"（机械）一词，原指机器的构造和动作原理。在古代以及中世纪，机制大多出现在自然科学及技术领域，主要是指机械构造以及运动原理和过程。后来，在自然科学领域，机制表示诱因，尤其是针对无法完全用数学原理来解释的自然科学分支，譬如化学、生物等，多应用机制作类比。医学与生物学在研究肌肉收缩或光合作用等生物功能时，也常常采用机制一词，这里的机制是指其内在工作方式，即相关生物结构组成部分之间的相互关系，以及其间发生各种变化过程的化学、物理性质及其相互关系。17 世纪以后，机制又应用于自然哲学等领域，其含义不再特指机械过程，逐渐延伸至全部被自然科学所描述的过程。目前，机制一词已在管理学、经济学、教育学等多学科领域中广泛应用。

机制通常由三个主要部分组成：一是机构或组织系统，二是系统运行的规则，三是系统组成要素实现规则的工作方式。机制的定义应包含事物变化的内在规律及其原、外部因素的作用方式、外部因素对事物变化的影响、事物变化的表现形态四个要素。因此，机制就是一个系统的组织或部分之间，根据特定的运行和协调规则相互作用的过程和方式，也即作用机理与耦合关系。

（2）比较分析

为进一步明确"机制"，有必要区分容易与之混淆的两个概念——制度和体制。

从狭义上讲，制度就是一个系统或单位制定的要求下属全体成员共同遵守的办事规程或行动准则，如财务制度、工作制度、教学制度、作息制度等。制度经济学家诺思认为制度是一系列被制定出来的规则、守法程序和行为的道德伦理规范，它旨在约束追求主体福利或效用最大化利益的个人行为。经济学家盛洪对"制度"的定义是：多人社会中促成合作的行为规范或游戏规则。从广义上来讲，制度指在一定条件下形成的政治、经济、文化等方面的体系，如政治制度、经济制度、文化制度、社会主义制度、共产主义制度、资本主义制度等。制度是由各种行政强制力量构建并保障贯彻实施的行为规范，是具体的、静态的。

机制和制度之间既有区别，又有联系。机制是一种相互联系和作用的有机体组合，是抽象的、动态的。两者之间最主要的区别为：制度是强制性的，机制不具有强制性，制度主要依靠行政力量贯彻执行，而机制在实践中具有"自然性"特征。两者之间的主要联系如下：机制源于制度。机制的形成需要一系列制度的相互关联及综合执行。反过来，每一种制度的效能都要靠机制才能实现。只有当制度建设形成了机制，即人们能自发积极地趋同于实现制度目标时，制度才算是真正有效地建立。

"体制"一词具有典型的中国特色，在我国通常是指体制制度。体制是国家机关、企业事业单位等在领导隶属关系、机构设置和管理权限划分等方面的制度、体系、形式、方法等的总称，譬如政治体制、文化体制、经济体制等。①体制与制度的关系：体制是制度形之于外的具体表现和实施形式，是一种以权力配置为中心的管理政治、经济、文化等社会生活各个方面事务的各种相关设施与规范所构成的制度体系，它决定各个主体之间的相互关系，规定系统中各个运行主体的地位、责任和权利。②体制与机制的关系：两者关系密切，体制是机制存在和发挥作用的必要前提，任何一种机制必然存在于一定的体制框架内。反过来说，体制只有依赖与之相适应的机制才能得以实现。

2. 高职院校产教融合机制

高职院校产教融合是高职教育的利益相关者实现高度互补、资源整合从而全员全过程参与技术技能人才培养的活动。高职院校产教融合不仅是学校与企业合作培养技术技能人才，还延伸到整个产业价值链，是所有元素一体化合作，是利益相关者基于共同利益的共同发展。纵观高职院校产教融合的发展变化过程，目前主要有三种演进方式。

一是渗透融合。渗透融合是指高新技术及其相关产业，如物联网、数字技术、人工智能等向高职教育和培训领域渗透，形成新的高职教育与产业的融合体，如在线教育（e-Learning）和 E2E（Educator to Educatee）网络教育平台。在线教育，是以网络为介质的教育形式，通过网络、学习者与教师开展教学活动。网络教育平台，通过互联网技术进行渗透，建立开放整合的商务模式，为教师、学习者和产业界的教育内容供应商提供简单、实用的创新型智能式教育软件产品。我国大约有 2.6 亿名学生和 2000 万名教师，基于开放式教育平台进行学习。

二是延伸融合。延伸融合是指通过产业与高职教育之间的互补和延伸，实现产教之间的融合。例如，中山职业技术学院的五个专业，通过延伸与中山市五个专业镇进行产教融合，形成了红木家具、服装、电梯、灯具等产教融合型学院，实现了学院与当地产业的部分融合。

三是重组融合。重组融合是指产业和教育原本各自独立的产品或服务，在同一标准或集合下，通过重组完全结为一体的整合过程。例如，法国的"个人职业培训账户"，持卡人自主整合职业教育和培训资源，将产教融合为一体。

高职院校产教融合机制则是指高职教育的利益相关者在产教融合过程中根据特定的运行和协调规则，相互作用的过程和方式。

借鉴学术专家的研究经验，笔者谈谈对高职院校产教融合机制的认识。

从产教融合的角度分析，高职院校产教融合的内涵丰富、外延广阔，从广义上说涉及教育、产业、经济、文化等社会生产生活的方方面面，因而对产教融合机制要分层次来看，可分成宏观、中观、微观三个层面：①从宏观上来看，高职院校产教融合是指国家层面的教育和产业的总体融合，这是指国家总体制度、体制层面的顶层设计，是对政府、行业、学校、企业等利益相关者如何投入高职教育的总体布局以及高职教育办学体系和办学制度的宏观调控；②从中观上来看，高职院校产教融合是指区域层面的高职院校布局与区域经济社会发展的适应性，主要是指高职专业与区域产业的协同度和匹配度；③从微观上来看，高职院校产教融合是指院校层面的人才培养模式和教学组织形式的设计需要利益相关者的参与，利益相关者应参与人才培养和教学组织的全过程。从这个意义上来说，高职院校产教融合机制也应从宏观、中观、微观三个层面来构建。从宏观上来说，应构建"政府推动、行业指导、学校和企业双主体"的产教融合国家制度和体制机制；从中观上来说，应构建高职专业与区域产业的协同发展机制；从微观上来说，应构建校企融合的人才培养模式与工学融合的教学组织形式。

从机制的角度分析，高职院校产教融合机制可分为动力机制、运行机制、评价机制等。

三、我国产教融合的发展背景

人工智能时代的到来，对国内外经济、教育等领域均产生了颠覆式的影响。在此背景下，产教融合的模式发展不断推陈出新。产教融合是我国职业教育发展、应用型人才培养的必由之路，是我国壮大高职教育、培养应用型人才、调整人才结构的一次契机。

回顾中华人民共和国成立73年来产教融合的发展历史，经历了从产教一体、产教分离的简单形式，到产教结合、校企合作，再到现在的产教融合。这期间，在不断探索高等教育和产业角色与功能的过程中，产教关系也由一元主导变为双主体互动，最后演变为多元协商治理。

（一）人口红利逐年递减

当前我国人口发展处于重大转折期，人口红利效应不断减弱，随着年龄结构的变化，

2012 年至今，我国已经连续 7 年出现劳动年龄人口下降，2019 年与 2012 年相比已经下降了 2600 多万人。受劳动年龄人口持续减少的影响，至 2018 年末，我国的就业人数首次出现下降，而接下来几年很可能继续下降。与此同时，我国生育率持续走低，"少子化"趋势渐显。

（二）人才需求转变

随着 AI 时代及互联网技术大爆炸的到来，企业对于人才的需求也在发生转变，从业者的创新能力、融会贯通能力越来越受重视。只具备单一专业知识的求职者很难在激烈的劳动力人才市场找到合适的岗位。未来能够参与社会生产、升级、转型的职场人数量将减少，而企业对人才的要求将升级。因此，创新高职教育发展模式，持续深化产教融合，培养应用型人才成为当务之急。

（三）时代的呼唤

当前，随着经济由高速增长向高质量发展转变，以及国家各项产教融合、校企合作政策文件的出台，我国的高职产教融合迈入历史新纪元，产教融合模式的更新速度日益加快。产教融合需要对新的阶段性命题提出合理的理论框架与指导策略，需要对新时代产业、行业人才需求做出回应，需要积极响应国家战略性科技、工业方针。产教融合作为应用型人才培养的重要手段，已经成为各地各高职院校的重点工作之一。

第三节　高职教育的基本理论

一、高职院校

高职院校的全称为"高等职业院校"，其以培养高素质技术技能人才为目标。高职院校是进行职业技术教育的高等阶段，既不同于中等职业技术学校，又不同于普通高等教育院校（包括普通的多科性学院和综合性大学）。

（一）高职院校在高等职业教育中起着奠基石的作用

从体系内的层次关系来看，高职院校是高职教育的奠基石。高职院校对接中职教育的顶点，处于高职教育的起点。高职院校是初中、高中毕业生及中等职业学校学生继续学习从而接受高职教育的主要途径。《国务院关于印发国家职业教育改革实施方案的通知》指出："职业教育与普通教育是两种不同教育类型，具有同等重要地位。"职业教育作为一种教育类型，由中等职业教育（以下简称"中职教育"）和高职教育构成，高职教育又包括专科层次的高职院校、应用型本科、专业研究生教育等层次。目前，随着应用型本科建设工作的推进，职业教育体系日趋完善，高职院校也不再是高职教育的终点，而是作为起点，去连接应用型本科以及专业学位研究生教育，因而高职院校是高职教育的重要"奠基石"，为高职教育打下了牢固的根基。

（二）高职院校在整个教育系统中起着承上启下的作用

从整个教育系统的宏观视角来看，高职院校起着承上启下的作用。目前，高职院校是大多数初中、高中毕业生及中职学生进入高职教育体系中的主要途径。同时，教育部等六部门印发的《现代职业教育体系建设规划》明确提出了针对健康服务、学前教育等特殊专业领域颁布五年制高职目录，完善五年制高职教育，这使得高职院校进一步与初中完成对接，成为连接基础教育与高职教育之间的重要纽带。《现代职业教育体系建设规划》反复强调中高职衔接和协调发展，目的就是要求高职院校发挥其在职业教育体系中的特殊功效，不仅要将自身做强，更要起到应有的"承上启下"的作用。

二、高等职业教育的含义

高等职业教育，简称"高职教育"，是国家高等教育的重要组成部分，也是职业教育的高等阶段。其主要培养具有一定理论知识和较强实践能力，面向基层、面向生产、面向服务和管理第一线职业岗位的实用型、技能型专门人才。高职教育的关键词为"高等教育""职业教育""一定理论知识""较强实践能力""第一线职业岗位""实用型人才""技能型人才"。厘清高职教育的含义，对实际教学工作有着非常重要的指导意义。

三、高职教育理论课教学的重要性

首先，作为高职教育工作者，厘清高职教育的含义有助于我们对理论教学和实践教学（教学形式）进行适度取舍。高职教育在职业教育思路上的优势突出，它为我国培养了大批技术人才。但长期以来，我国高职教育一贯沿袭重实践、轻理论的教育思路，没能重视"高职教育是高等教育的重要组成部分"，使它与职业高中、中专技校或技能培训机构类同，缺乏社会认知、丧失就业优势、降低教学水准。致使我们对高职教育普遍存有错误的因果观念——因生源层次"差"而教学水准"低"，因教学水准"低"而缺乏社会认知。所以，在高职教育中，职业技能培养不是教育精神的枷锁，只是教学环节的重点之一，它不是全部。高职教育需要理论授课的充实与引导，需要"高等教育"理念的渗透与参与。

其次，只有厘清高职教育的含义，才能在授课中兼顾理论教学和实践教学。"一定理论知识""高职教育是高等教育的重要组成部分"，在这两个关键点中蕴藏着理论课程教学必须渗透到高职教育中，参与渗透数量方面的适度够用原则，理论知识对实践的实际指导意义等内容。所以，通过理论教学和实践教学的相互促进教育模式，可以厘清高等职业教育与普通高等教育、其他职业教育的区别，促成高职教育办学特色鲜明化，提升高职教育的教学水平与层次，扩大就业和社会影响。

四、我国高等职业教育的发展历程

（一）探索起步阶段

改革开放以来，各地经济快速发展，急需应用型的高技术人才，国家教委于 1980 年批准成立了 13 所职业大学，标志着我国高等职业教育发展的开端。自 1985 年颁布《中共中央关于教育体制改革的决定》后，教育部先后批准了 92 所职业大学成立，这批职业大学主要集中在省会城市和经济发达城市；同时，还在原国家重点中专基础上发展了一批专科学校来发展高等职业教育。职业大学快速发展，是职业教育结构调整的一件大事，对职业教育的长远发展具有深刻的影响。

（二）稳步发展阶段

《中共中央关于教育体制改革的决定》提出用五年左右的时间，逐步建立起一个从初级到高级行业配套、结构合理又能与普通教育相互沟通的职业教育体系，从而为建设一支高素质的劳动技术大军打下基础。随后颁布的一系列法规，如《教师法》《中华人民共和国劳动法》以及《职业教育法》，使我国职业教育发展进入了更加规范的发展阶段，特别是《职业教育法》的颁布，对职业教育各方面的职责以法律形式做了明确规定，标志着职业教育事业走上依法治教的新时期。1996 年，国家教委根据当时的实际情况提出"三改一补"的方针来发展高等职业教育，并要求高职教育主动适应社会发展与科技进步的需要，培养生产、服务一线需要的高级技能型人才。

（三）快速发展阶段

1998 年，新组建的教育部高度重视高等职业教育的发展，提出"三多一改"发展高职的方针。所谓"三多一改"，就是多渠道、多规格、多模式发展高职，重点是教学改革，真正办出高职特色。高职教育随即进入快速发展时期，掀起了高职教育的热潮。尤其是在国家的宏观调控下，高等教育扩招以高职为主，使得高职教育在短时期内与普通本科招生平分秋色，甚至大有超越发展的趋势。目前，高等职业教育经历了探索起步、稳步发展、快速发展的三个阶段之后，已经占据全国普通高校的半壁江山。

五、我国高等职业教育发展过程中存在的问题

（一）理念不新

教育理念是教育质量的根本，很多高职院校在专业培养计划中沿用本科体系，仍将传授理论作为核心，能力培养落实不到位，"本科压缩"的影子挥之不去。在课程设置上，强调课程本身的系统性和权威性，忽视学习者未来工作岗位的需求，对高职教育所界定的理论上"必须、够用"的原则理解不到位。教育理念陈旧导致高职教育创新性不够，改革力度较弱。

（二）起点不高

高职教育起点不高包括两方面：一是学生起点不高。在当前职业教育受轻视的情况下，高职的生源比较差，往往是高考生的备用选择，同时高职扩招也加剧了这种趋势，一些高职生对于学习几乎没有兴趣，更不要说有良好的学习习惯。二是学校起点不高。我国 1996 年召开了全国职业教育工作会议，并提出"三改一补"设置职业技术学院的方针：职业大学坚持高职方向，办出高职特色；高等专科学校改为高职，不需要报批；经国家教委审批独立设置的成人高校要改革办学模式，并调整专业方向，改为高职；若仍不能满足需要，经国家教委批准可在国家级重点中等学校里办高职班作为补充。"三改"的三类学校，在我国高教系统中属于较为薄弱的环节，且在近 20 年高速扩展过程中形成了许多老问题，如科类结构不合理、高职特色和专科特色不突出、办学条件差等问题，目前仍然没有得到很好解决。把这三类学校作为发展高职的主渠道，注定了先天不足，办学条件和办学水平都相对较低，无论是实训场地还是"双师型"师资队伍都比较弱。

（三）实践性教学落实不到位

随着高职教育的快速发展，高职教育的质量仍然堪忧，其中一个很大的原因，就是实践性教学落实不到位。在高职快速扩张的过程中，教学管理完全是借鉴传统本科院校的模式来开展的，这就导致高职的人才培养模式和普通高校相比并没有实质性的区别；加上高职教育一直停留在专科层面，更多的是作为本科教育的一个补充，通过扩招来满足更多人接受高等教育的需求，实践性教学常常不能落到实处。造成这种困境的原因，客观上是由于实训基地建设跟不上，主观上是师资队伍不够完善、"双师型"教师严重匮乏。目前，高职教育已经意识到这些问题的严重性，正在逐步完善。

（四）投入不够

高等职业教育的资金投入严重不足，缺乏相应的制度保障，甚至高职教育被地方视为一种投资小、见效快的项目，这种错误的观念误导了高职教育的发展。事实上，由于高职教育强调实训基地建设等传统高校所不需投入的项目，高职教育的成本应该远远高于普通本科院校的水平。有些本科院校举办的高职也没有得到足够的重视，学校的主要精力还是放在原有的本科教育层面。同时，经费不足也是实训基地不够完善的主要因素。政府对高职的投入远低于对本科的投入，从而使高职院校不得不提高收费标准，低投入、高收费已经成为制约高职教育发展的重要因素。特别是自 1999 年高等教育扩招以来，高等职业教育在扩招中承担了增量部分的半壁江山，大量学生涌入高职院校后，高职院校并没有做好充分的准备，在投入有限的情况下，高职院校的教学设施很紧张，生均办学成本、生均实验设备总值等指标下降，影响了人才培养的质量。

六、加快发展我国高等职业教育的对策

（一）树立现代职业教育理念，鼓励学生完善职业规划

高职教育着眼于学生"学会做人、学会做事、学会思考、学会生活"，这就要求高职办学要树立现代职业教育理念，积极探索校企合作办学模式，努力推行学历认证和职业资格证一起发展的双证书制度，不但要教会学生基本的职业技能，更要教会学生为人处世的道理，使学生获得更长远的发展潜力。完善职业规划也是现代职教理念的一部分，做好高职学生的职业规划，有利于激发学生的学习兴趣。利用新生入学后进行专业教育的时机，由专业教师对行业的发展概况、市场对专业人才的需要现状、学生毕业的方向以及学院的办学优势、办学特色和师资力量等情况进行详细介绍；日常学习过程中，可邀请行业专业人士来校举办职业生涯讲座，让他们以自己的切身体会使学生明白在校努力学习、练好基本功的重要性，让新生更加明白没有坚实的专业理论基础和技能是不能适应工作要求的。通过举办职业规划大赛等形式，让学生自主思考职业的未来，从而更好地把握在校的大好时光。

（二）加大经费投入

职业教育的直接受益者，除了受教育者本人和接受职业院校毕业生的企业外，社会是最大的受益者。职业教育提高劳动者的素质，推动地方经济发展，这正是政府所追求的目标和应履行的职责。因此，政府应当是职业教育的主要投资方，同时吸引社会资金投资职业教育，形成多方投资的格局，是职业教育发展的必然趋势。政府有关部门要制定相关政策，确保充足的教育经费，在吸引社会投资职业教育的同时，努力探索学校和企业深入合作的途径，走产学研结合发展的道路，在市场竞争中赢得更多的教育资源。

（三）重视双师型师资的培养和引进

快速扩张的高职需要大量的人才充实到教师队伍中，目前我国高校教师招聘主要定位于学历要求，高学历已经成为高职院校引进人才的一个硬指标，在大城市没有博士学位已无法进入高等职业院校担任教师，这种师资引进途径过于单一，且成为"双师型"人才缺乏的根本原因。目前主要从三个途径来完善师资队伍：引进新教师的时候，以实践经验为主、学历为辅；大力引进兼职教师，聘请行业精英来担任实践性教学工作，建立稳定的兼职教师队伍；对在职教师，要通过培训、进修、到企业挂职等方式提升实践性技能。这三个途径相互补充，必能尽快完善"双师型"师资队伍。

（四）树立以学生为本的教学理念

大力发展高职教育，就要树立以人为本的教育理念。从市场化的角度来看，学生就是高职院校的客户，只有以客户为中心，才能真正提高教学质量，培养出优秀人才。传统的行政办学体制，恰恰违背了这一基本规律，用行政手段管理学生，培养出来的只能是缺乏

独立思考精神的机器。坚持以学生为本，要求教师转变教学观念，以学生为主体，教师起引导作用，要启发学生思考，这就对教师提出了较高的要求。高职院校之间要打破人才壁垒，使得优秀教师能够脱颖而出，及时清理不合格教师，确保教师进出渠道畅通。同时，要求学生管理工作更加柔性化，为学生建立沟通渠道，使学生的诉求及时得到反馈，努力提升学校的管理水平。此外，要注重学生心理健康和创新精神的培养，利用高校学生社团开展丰富的学生活动，发挥学生的潜能，培养优秀的复合型人才。

第四节　学生发展的核心素养

自 20 世纪 90 年代经济合作与发展组织（简称"经合组织"，OECD）第一次提出"核心素养"这一概念以来，核心素养便成为世界各国教育发展的焦点。之后，联合国教科文组织（UNESCO）、欧盟（EU）、美国等国际组织或国家纷纷建构核心素养框架，并陆续开始实践。我国核心素养框架于 2016 年颁布，但需要在实践中不断补充和完善。

一、学生核心素养的内涵分析

（一）国外相关研究对学生核心素养内涵的分析

国外研究中典型的核心素养框架有三个。一是经合组织制定的核心素养框架。经合组织在 2003 年发布的研究报告《未来成功人生和健全社会的核心素养》中将人的核心素养的内涵分为"人与工具""人与社会""人与自己"三大素养框架，每项核心素养又包括具体的下级指标和详细的描述。在该框架的指导下，PISA 测试在全球范围内推广，进而推动了其他国家核心素养框架的研究制定与快速发展。

二是欧盟制定的核心素养框架。受经合组织"核心素养"发展的影响，欧盟在 2006 年确立使用母语、使用外语、数学素养与基本的科学技术素养、信息素养、学习能力、社会与公民素养、主动意识与创业精神、文化意识与表达八项核心素养最终版本，并分别从知识、技能、态度三方面做了清晰界定，作为与终身学习教育理念并行的核心素养理念体系。该框架的制定，为欧盟国家教育实践指明了一条清晰明确的道路。

三是美国的核心素养框架。美国 2007 年颁布的"21 世纪学习框架"最新版本，确立了学习与创新技能，信息、媒体与技术技能，生活与职业技能三项技能领域，每项技能领域下包含 11 项具体素养要求。美国的"21 世纪学习框架"有助于美国的课程与教学改革，为美国各州教育的发展提供了全国统一的课程标准，推动了美国教育的发展。

此外，联合国教科文组织一直致力于研究教育发展的核心素养指标，认为核心素养是使个人过上其想要的生活和确保社会良好运行所需的素养，并在 2013 年发布《全球学习领域框架》，将核心素养划分为七个一级指标，包括身体健康、社会情绪、文化艺术、文字沟通、学习方法与认知、数字与数学、科学与技术，每个指标下都有详细的说明解释。其关于核心素养的分析与界定，在一定程度上推动了世界教育的发展。

（二）我国对学生核心素养的研究历程及内涵分析

当前，国外相关研究中所提出的核心素养框架已趋于完善，并不断地将核心素养的培育渗透于教学实践中，我国的核心素养发展也紧随世界教育发展大潮流，从提出核心素养到逐渐完善其框架经历了一个从稚嫩到成熟的过程。在国外相关研究提出并完善核心素养框架的过程中，我国学术界也对核心素养进行了解读与研究，最初主要集中于对国外的核心素养进行介绍与其对我国教育发展的启示上，如钟启泉、张娜、张华、林崇德等人的研究。我国首次以国家文件的形式提出"核心素养"是2014年颁布的《教育部关于全面深化课程改革落实立德树人根本任务的意见》，该意见明确要求研究制定学生发展核心素养体系和学业质量标准，提升核心素养发展于国家教育发展的大战略上。在此之后，我国学生发展核心素养体系研究制定工作便如火如荼地开展。2016年初颁布的《中国学生发展核心素养（征求意见稿）》，提出了中国学生发展核心素养，综合表现为九大素养，具体为社会责任、国家认同、国际理解、人文底蕴、科学精神、审美情趣、身心健康、学会学习、实践创新。同年，《面向未来：21世纪核心素养教育的全球经验》报告指出，最受各经济体和国际组织重视的七大素养分别是：沟通与合作、创造性与问题解决、信息素养、自我认识与自我调控、批判性思维、学会学习与终身学习以及公民责任与社会参与。《中国学生发展核心素养（征求意见稿）》的九大素养与在该报告中提出的七大素养基本一致，充分表明我国的核心素养体系是符合世界发展潮流同时又符合我国国情的，进而有力地推动了我国学生发展核心素养框架的最终形成。

《中国学生发展核心素养》总体框架正式颁布，明确了我国学生发展核心素养的内涵及表现，提出学生发展核心素养指学生应具备的、能够适应终身发展和社会发展需要的必备品格和关键能力，是关于学生知识、能力、情感、态度、价值观等多方面要求的综合表现。

以科学性、时代性和民族性为基本原则，以"全面发展的人"为根本目标，涉及"文化基础、自主发展、社会参与"三大方面，包括"人文底蕴、科学精神、学会学习、健康生活、责任担当、实践创新"六大素养，具体划分为国家认同等十八个基本要点。至此，我国学生核心素养框架已经初步建立，该框架是在充分借鉴国外核心素养框架的基础上建立的，体现出了一定的时代性与前沿性。总体来看，我国学生的核心素养框架具有两大特点：

1. 兼具个人价值与社会价值，二者有机结合

一直以来，我国都重视教育对人与社会发展的推动作用，制定任何教育政策都是以人的发展与社会的发展作为依据。我国的核心素养框架是根据人的发展与社会发展要求确定，有效地整合了个人和社会层面对学生发展的要求，充分兼顾个人价值与社会价值。

文化基础、自主发展、社会参与三个方面构成的核心素养总框架，充分体现了马克思主义关于人的个体性与社会性的观点。个人价值是个人或社会在生产、生活中为满足个人

需要所做的发现和创造，我国核心素养的选取充分考虑到该素养是否促进了学生的德、智、体、美、劳全面发展，是否使学生实现自我价值，进而在实现自我价值的基础上实现社会价值。

在实践中，个人素养不能脱离具体的社会情境，个人素养应适应和推动社会发展。

2. 聚焦核心素养培育，突出关键"少数素养"

从全球范围来看，国外研究看重的核心素养符合信息化与知识经济时代培养人才的实际需求，有的选取的核心素养全面，几乎囊括所有的素养；有的选取的核心素养简约，只涉及几个关键少数的高级素养。如欧盟的核心素养框架由学科素养和跨学科素养两部分构成；经合组织的核心素养框架则只包含跨学科素养，即高级素养；美国的 21 世纪技能也是相对于基本技能而言的高级技能或素养。核心素养之所以称为"核心素养"，在于这些素养不是一般性的，而是高级的、核心的素养，是 21 世纪人人都必须具备的关键少数高级行为能力，是知识、技能与态度三者的协调统一。

对于我国学生而言，基本的读、写、算技能比较扎实，更需要的是诸如创新素养、信息素养、民主素养等高级素养。我国历时三年形成的核心素养框架充分凸显了关键少数的核心素养，没有陷入"大而全"的陷阱，而是"少而精"，抓住了少数要点与核心。

（1）创新素养。21 世纪是创新的时代，适应这一时代的人才必须具备一定的创造能力，拥有创新素养。从某种程度上说，创新是一个民族进步的灵魂，是国家兴旺发达的不竭动力。无论是国内还是国外，普遍认同创新素养是人类不可或缺的重要素养，是推动人类社会前进与发展的动力。创新思维与意识的培养是关乎人类生存与发展的国之大计，创新素养是核心素养的"核心成分"。就我国而言，创造型人才相对缺乏，学生创新能力和创造能力的培养亟待加强，培养创新人才是教育的重要目标。因而，我国的核心素养框架更充分强调创新素养培育的重要性，创新素养的培育是加快实施创新驱动发展战略的迫切需要，是教育综合改革的突破点，是我国软实力的重要标志，创新素养是我国核心素养的核心之核心。

（2）信息素养。当今时代科学技术飞速发展，"互联网+"、大数据等新词令人眼花缭乱，设备更新换代的速度更快，在这样一个信息高度发达的时代，如果学生缺乏基本的信息素养，将会寸步难行。各国普遍意识到信息技术的重要性，如经合组织提出互动地使用新技术、知识和信息，美国重视信息、媒体与技术技能等。我国的核心素养框架基于信息素养充分的重视，指出培养信息意识首先要具有网络伦理道德与信息安全意识，其次是能自觉、有效地获取、评估、鉴别、使用信息，最后要具有数字化生存能力，主动适应"互联网+"等社会信息化发展趋势。

（3）民主素养。中国社会的全面进步、发展要求加快政治民主化，对学生的民主素养提出了很高的要求。民主素养中最重要的就是学生的国家意识。首先是学生能了解国情历史，认同国民身份，自觉捍卫国家主权、尊严和利益；其次是学生的文化自信，学生能尊重中华民族的优秀文明成果，传播弘扬中华优秀传统文化和社会主义先进文化，积极了解中国共产党的历史和光荣传统，具有热爱党、拥护党的意识和行动；最后是学生理解、接受并自觉践行社会主义核心价值观，具有建设中国特色社会主义的共同理想，具有为实现中华民族伟大复兴的中国梦而不懈奋斗的信念和行动。

二、学生核心素养的培育

我国学生核心素养框架已初具规模，但理论离不开实际的行动，核心素养的关键在于对其培育。聚焦核心素养的培育，为学生提供适应终身发展的品格和能力，应该从以下几个方面努力：

（一）变革教育理念，促进"以知识为本"的传统教育理念向"以人为本"的现代教育理念的转变

核心素养已成为当前许多国家教育的支柱性理念。我国也应基于核心素养，促进以"知识为本"的传统教育理念向"以人为本"的现代教育理念转变。"以人为本"的教育观强调尊重人、理解人、关心人，把满足人的全面需求、促进人的全面发展作为发展的根本出发点。因此需要改变教师、家长和学生普遍关注知识、关注学科、关注分数的现状，把教师、家长和学生的关注点从分数转向学生的自我发展与社会发展。真正实现从学科本位到育人本位、从知识本位到素养本位的理念转变，深刻把握核心素养的实质，深入剖析我国学生核心素养的应有内涵，把握新时代学生发展需要的核心素养。

（二）改善教学方式，促进"以知识点为核心"的教学方式向"以核心素养为导向"的教学方式转型

学生核心素养的形成，离不开教师的教学。要改"以知识点教学为核心"的教学方式为"以核心素养为导向"的教学方式，注重学生核心素养的培养，充分发挥学生的主体性和主动性，强调和保证课堂中学生主体地位的实现。课堂是教师与学生共同参与、共同成长的场所，也是教师与学生情感交流的重要平台。学生核心素养的培养要体现在学校课堂教学活动中，教师要与学生进行平等有效的沟通和交流，营造独立思考、敢于探索的课堂文化氛围，利用启发式、探究式、参与式等教学方法，给学生更多时间自主思考，激发学生的学习兴趣，与教师共同探索。

（三）基于核心素养进行课程规划，建构课程体系

目前，传统的课程标准体系以学科知识结构为核心，存在一定的弊端，而以个人发展和终身学习为主体的核心素养模型可以有效地弥补传统的课程标准体系存在的缺陷。核心素养已不仅是课程目标，而且是新型课程观，是课程规划的理论基础与实践依据。培育核心素养，有必要基于核心素养进行课程规划，以核心素养引领课程规划。首先要做好课程的顶层设计，教材是学生学习的重要媒介，是学生认识世界与发展自我的主要途径，对教材编写的重视使得核心素养的培育有了基本保障。基于核心素养培育的要求，教材编写要

增加对学生核心素养培养的内容，把相关内容具体化与细化，并且转化为明确的素养与能力要求，融合到各类课程体系中去，最后充分落实到学生身上。其次要将核心素养作为课程设计的出发点和落脚点，打破原有的分学段设计模式，整合从学前至高等教育的各个学段，进行整体设计，加强各个学段之间的联系。同时注意加强学科的横向配合，建构综合课程，进行跨学科课程与教学。最后把核心素养目标是否养成、养成程度高低作为评价课程设计是否取得成效的重要依据，并据此做出改进课程设计的决策。

《中国学生发展核心素养》总体框架虽已颁布，但我国核心素养的提出时间迟，推广时间也短，研究有待继续深入，还需要广泛的、系统的教育实践的检验。虽然我国学生核心素养的培育拥有良好的大环境，有全国统一的课程标准，能确保推广和可持续性，但学生核心素养的培育实践相对薄弱，需要持续加强。

三、新时代培育高职学生核心素养的必要性

党的十九大报告指出："中国特色社会主义进入了新时代，这是我国发展新的历史方位。"新时代，我国高等教育已迈入内涵式发展和高水平建设新阶段。随着产业升级和经济结构调整不断加快，高职教育发展正面临着经济社会发展和产业转型升级对高素质技术型、应用型人才的需求，新时代对个人的终身发展和社会需要提出了新的要求和挑战。新时代格局下，高职教育要提升现代化水平，唯有提升人才培养质量，加强高职学生核心素养的培育，培养全面发展的人，为促进经济社会发展和提高国家竞争力提供优质人才资源支撑，实现高职教育的科学发展。学生核心素养作为全球化、信息化和知识经济的产物，有着鲜明的时代特征，而学生核心素养的培养已经成为新时代教育改革的新焦点和指向。

（一）社会发展的潜在要求

人的发展需要说到底植根于社会发展的需要。我国目前还处于人力资源大国向人力资源强国转变的过程中，面对知识经济的蓬勃发展以及科技进步日新月异的新时代格局和社会发展进程，传统的经济运作模式、职业发展模式和社会生活方式都发生了改变，社会对国民素质和人才培养有了新的要求。知识经济时代要求劳动力更新知识和技能，实现人力资本的升级，培养具有核心素养的人。核心素养提出的基点是"全面发展的人"，新时代"全面发展的人"，除了要有一定的文化基础，还要具有发展意识、社会参与品质和能力。在习近平新时代中国特色社会主义建设中，随着我国创新驱动发展战略的深入实施，高职院校面对新挑战，要努力发展高职生核心素养，主动适应新时代对应用型、创新型、复合型人才的客观要求，才能推动高职院校学生实现全面发展，为经济社会高质量发展培养有社会担当品格和实践创新能力，符合新时代需要和社会各界期待的高素质人才。

（二）高职教育的内在意蕴

高等教育面对基础教育、初等教育和中等教育以"学生发展核心素养"为主导思想的课程变革，也要做好衔接中等教育的人才培养工作，坚持以人为本，立德树人。高等

教育作为教育的最高阶段，实现高等教育的现代化是引领教育现代化的重要内容，其关键是要实现大学生的现代化，即大学生现代性要素的生成与增长。高职院校面对高等职业教育供给侧结构性改革，面对新时代对知识型、技能型、创新型产业大军的客观需求，发展高职学生核心素养，培养产业链中的高端人才，推动高职学生全面发展成为实现人的现代化的重点指向。

（三）人才培养的内在需求

知识和技能本身不是教育的目的，教育的终极关怀是促进人的全面协调发展。高职教育的出发点和落脚点是人才培养目标，高职学生的核心素养培育目标是培育全面发展的技术技能型人才。当前，高等职业教育还不能完全满足新时代对高素质技术技能人才提出的更新、更高要求，特别是具有创新能力和工匠精神的高端技术技能人才培养规模和质量，与产业转型升级的需求还存在差距。高职教育需要与产业需求无缝对接，围绕中国制造转型升级所需的高素质技能型人才进行改革，尽快适应新的生态环境，高职教育人才培养模式要顺应全球化，信息化和知识经济发展的大格局，高职院校对学生核心素养的培育已然成为提高人才培养质量的必然选择。

（四）个体发展的现实诉求

当前，新技术、新知识和新思想不断涌现，高职学生的就业竞争力与用人单位的实际需要不能完全匹配。高职学生是将要步入社会的职业人，高职学生的必备品格和关键能力应直接与职业环境和岗位能力对接，要充分考虑高职学生的社会适应性、岗位竞争力和职业发展性等。从社会适应性而言，高职学生应具有良好的学习能力、健康的身心和深厚的人文底蕴；就岗位竞争力来看，要有较强的学习能力和科学精神；基于职业发展性来讲，高职学生应有职业人的责任担当和实践创新精神。这些要素相互关联、相互支撑，为实现个体发展和服务社会提供动力和保障，因而高职学生核心素养的培育必然成为高职教育新常态的核心要素。

四、新时代高职学生核心素养培育的发展困境

（一）理念更新还不够及时

尽管核心素养价值具有丰富的内蕴，"技能至上""唯技为重"等传统的职业教育理念仍表现出很强的稳定性。就高职院校而言，还没有主动适应经济社会发展和产业结构调整等形势变化，存在重专业知识和技术技能的培养，轻学生核心素养培育的现象，人文与科学精神的培育缺位，个人发展与社会责任感、使命感缺失；很多学生仍缺乏核心素养的养成意识，对核心素养构成要素的理解度不高。核心素养培育是全员、全过程、全方位的教育教学活动，需要多维度构建核心素养培育体系，不仅要回应社会需求，还要关照高职学生未来的成长成才和可持续发展。

（二）课程体系还不够完善

课程是立德树人的基本载体，是实现教学目标的重要工作。传统的课程与教学局限于传授知识和技能本身，重学科知识，轻跨学科素养，与核心素养理念格格不入，没有将核心素养要素纳入育人体系，融入课程体系，有些是将核心素养培育完全独立于课程之外，核心素养培育目标的内容结构没有与课程框架之间建立实质性有效承接，脱节、虚化和泛化现象明显，核心素养培育目标难以有效落实。

（三）理实结合还不够紧密

随着科学技术的持续性发展，人类在职业领域面临的问题呈现出多样性和复杂化特点，在互联网、大数据、物联网、人工智能等为特征的信息化趋势下，在知识型人才向素养型人才培养的转变中，高职院校核心素养培育未能与社会实际需求高度匹配，很多高职学生毕业以后无法适应不同产业结构和专业层次的需要，造成人才结构性过剩。产业结构调整，使得市场更加突出要求高职学生在生产和工作中的创新精神和实践能力，而目前，高职院校在结合方面显得发力不足。实践创新要求高职学生具有良好的劳动意识，懂得技术运用，有良好的动手实践能力，并能专注于解决实际问题。高职学生"创新能力""批判性思维""公民素养""合作与交流能力""自主发展能力""信息素养"等具有核心竞争力的高阶素养都相对缺失。

（四）评价考核还不够科学

高职学生的核心素养对于学生的当前和未来发展至关重要，从而将其嵌入学生成长成才的全过程，体现于教育教学的全过程，必须有刚性的评价考核体系予以保障，要通过来自外力的评估和审视来提升学生核心素养的培育与构建。但当前我国高职学生在发展过程中，对于学生的核心素养界定还较少，在对学生进行综合评定和评价时，还鲜有将其作为单独要素进行评价，而是更多地混杂于德育、专业技能等评价体系之中。核心素养评价的地位体现不出来，评价的指标不明确，缺少对学生先进科技文化素养、创新意识和终身学习能力的重视，也就难以显示出各学校对高职学生核心素质的培养程度。学生在核心素养上的发展能级，一定程度上影响了学生的长远发展。

五、新时代高职学生核心素养的培育路径

（一）更新教育理念，树立先进的学生培养与培育架构

当前我国高职教育的发展已经步入快车道，对于学生的培养理念也在不断更新，要求"复合型"的技术技能人才来承担国家经济社会发展的重要人力资源支撑。从国家层面来看，我国要尽快出台关于培育培养高职学生核心素养的政策与制度，界定清楚高职学生的最重要培养目标、最重要培养内容和培养价值取向，有针对性地设立高职学生核心素养指标体系，为高职的学生培养设立宏观框架。从教育主管部门来看，要根据我国高职院校的

专业大类，结合高职专业教学标准，分门别类地对高职学生的核心素养进行梳理，委托专家学者、专业的第三方机构制定专业的核心素养培养体系，为高职院校进行人才培养提供最基础的发展指向。从高职院校来看，各院校要根据专业设置情况、人才培养模式、行业产业需要等具体要求，根据国家和教育主管部门对高职学生核心素养的要求，自主制定学生的核心素养培育框架，以培养优质、高质量的技术技能人才为总目标，大力提升学生的综合素质。

（二）创新教育方式，构建完善的教学与课程体系

高职学生的核心素养培养必须有相应的教学体系和课程体系进行支撑，要通过教师的教学、课程的融合、学生的学习与训练才能逐步显现，才能最终转化为学生的就业能力和可持续发展能力。首先，教师要明确学生的核心素养是什么，教师一般都拥有丰富的教学经验和专业背景，对于本行业、本专业具体的培养要求、岗位标准等都比较熟悉，最了解学生需要培养什么样的核心技能、核心素质，在教学过程中要进行重点讲解和重点训练，将最前沿、最先进的技术技能、岗位素质标准等及时地渗透到教学之中。其次，强化课程体系的改革与创新，要以培养学生的核心素养为重点对课程体系进行梳理与重构，打造适合学生核心素养培养的课程群、课程链，并不断增强课程的教学改革和模式创新，更多地应用项目化、模块化等教学方式，让学生在课程学习、实训之中逐渐掌握最重要的技能，逐步熟悉、适应自身的岗位要求。最后，学生要深刻理解核心素养的重要性，高职院校要有针对性地对学生进行相应的理念培训，提升学生对核心素养的认知能力，帮助其在学习和实践中掌握职业发展最具有影响力的核心内容，提升抓重点的能力，为后续的生涯发展打下良好的基础。

（三）注重理论与实践的结合，锻炼学生的实践与转化能力

高职学生核心素养的养成最终都要转化为学生的实践动手能力和实操能力，都要转化为其走上工作岗位后的岗位适应能力和发展能力，因此，在对高职学生进行核心素养培养时，必须将理论与实践进行充分融合，要帮助学生扎实学习理论知识，具备融会贯通的能力，并在理论的指引下，通过实操和实训，逐步发现自身在理论知识掌握上的薄弱点，在个人技术技能掌握上的缺失点，有针对性地进行自我修正，在核心技能和核心素养的塑造中不断取得新的提升。同时，高职院校要创造各种条件对学生进行综合素质的培养，重点在培养学生的爱国情怀、工匠精神、职业道德、思想道德、吃苦耐劳精神、团队协作精神等领域设计内容丰富、形式多样的活动和训练载体，借助校外和行业企业的力量，全方位、全过程地对学生进行培养，使其充分了解作为一个当代职业人，核心素养绝不仅仅是高超的技术技能，还包括良好的职场精神和个人综合素质，教育学生要成长为复合型人才，而不是"单打冠军"。

（四）改进考核评价，形成科学的评估与改进体系

高职学生的核心素养培养体系的建构需要一个长期的过程，并且要在建构过程中不断

进行滚动式调整，而其调整的依据就是评估和评价结果。当前，高职院校对学生的核心素养的评价主要依托的还是上级制定的人才培养评价与评估体系，而教育主管部门的人才培养评价一般以五年为一个周期，周期比较长，高职院校不能仅仅依靠外力来推动学生核心素养的培养，更多是要发挥内力作用，通过在内部建立常态化的学生核心素养诊断与改进体系，以年度为单位充分听取行业企业、用人单位、教师、学生等层面的意见与建议，对于学生日常的核心素养培养做一个过程性和终结性评价，并将评价结果向教师和学生进行反馈，让其明确院校所开展的核心素养培养取得的成效、存在的问题，共同寻求解决的方案。同时，要充分发挥市场的作用，借助第三方独立机构对学生的核心素养培养进行动态的监测，让其提供科学而准确的数据，为后续的培养举措寻找依据。各院校间也要加强沟通与协作，尤其是同类院校、同类专业间要充分地合作，建构更贴近教学实际、学生实际的评价体系，以培养出高素质、高质量的技术技能人才，助力我国经济社会发展再上新台阶。

高职教育在新时代高质量发展，人才培养水平长足进步。核心素养的培养是全面贯彻落实立德树人根本任务的重要实践，这不仅是社会发展的潜在要求和高职教育的内在意蕴，也是高职人才培养的内在需求和学生发展的现实诉求。高职教育要从各层面建立先进的核心素养培养架构，强化教学与课程体系的创新与完善，锤炼学生实践能力，形成科学评估与评价体系，多维度构建新时代高职学生核心素养培育机制，培养符合新时代需要和社会期待的高素质人才。

第二章　高职院校产教融合的运行机制建设

伴随着高职教育的不断深入发展，校企合作、产教融合一体化的教育模式也在逐步发展。只是目前中国的高职教育建设并不完善，还有待加强。本章以新时代高职院校产教融合的长效机制的建设为题目，重点论述了"双师"交流机制、校企实践基地共建机制、校企双向服务机制、产教融合就业机制和产教融合激励机制这五方面的内容，为高职教育发展提供了借鉴。

第一节　"双师"交流机制

一、制度建设

校企共同修订完善了《关于"双师"双向交流的实施意见》等文件，不断完善"责任明确、管理规范、成果共享"的"双师"双向交流机制。聘请企业工程技术人员承担实践教学任务，与学校教师共同开发实践教学课程内容，负责学生的技能训练指导；专任教师到合作企业顶岗实践，提高教师的实践能力；教师参与企业的技术革新、设备改造与新产品的研发，承担企业员工继续教育的培训工作。通过校企合作实现专任教师与企业技术人员的对接，解决"双师素质"教师队伍的建设问题，构建校企教学研究团队和技术创新团队，深入钻研技术、研发新产品新工艺、开发实践教学体系，共同开发和实施工学结合课程、共同开展技术研发，提高教育教学水平和企业生产效率。

高职院校出台相关文件，着力构建双向交流的动力机制。文件需要进一步明确对进企业锻炼教师及来学校兼职的企业员工在政策方面的支持及相关奖励激励措施，并明确在考核评优、职称评审、绩效考核、培训进修等方面向"双师型"教师倾斜。此外，校企共同制定相关文件，不断完善"互利共赢、共建共管"的实践教学基地共建机制及"责任明确、管理规范、成果共享"的"双师"双向交流机制。

二、主要内容

（一）教学交流

1. 教学实训基地

为促进校企深度合作，各相关企业需协助校方建设实训室，提供实训解决方案，并给予一定的支持。实训基地的建设要有效地解决校方新专业建设过程中所涉及的课程设计、人才培养方案、培养目标的制定及配套实训设备投入等问题，加快专业建设步伐，抢占发展先机。

2. 实习实训指导

各院部与相关企业签订合作协议，结合相关企业的实际情况制订顶岗实习、工学结合计划（包括学生人数、专业、实习时间、实习内容、负责人等），经双方确认后执行。实习期间，校方需派出实习带队老师负责具体实习事务，保证学生遵守有关法规和相关企业的管理制度。企业派一线能工巧匠指导学生实习，提高学生的实际动手能力，积累实际经验。

校企共建课程、共同开发教材。学校聘请企业"能工巧匠"和"技术能手"实施弹性教学安排，灵活安排教学时间，与学校教师共同开发实践教学课程内容，负责学生的技能训练指导，承担实践教学任务，确保优秀兼职教师到校上课；专任教师到合作企业顶岗实践，提高教师实践能力；教师参与企业的技术革新、设备改造与新产品的研发，承担企业员工继续教育的培训工作。

（二）师资交流

1. 学校教师深入企业

学校选派教师到合作企业学习锻炼，通过学习获取企业的新知识、新技术、新工艺和新方法，多方面、多途径地培训专任教师，充实专任教师的"双师"素养。各院部根据教学任务的安排情况，每年选派一定的教师下企业锻炼学习。学校应专门出台《教师进企业（或部门、单位）挂职锻炼管理程序》，明确相关管理要求，优先安排没有实践工作经历的教师作为驻点带队教师到企业或相关单位管理学生的实习。所有教师要优先考虑借助带队实习的机会，加强与企业的联系，深入企业历练实践能力。具有企业工作经历的教师或具有高级职称的教师要同时在企业开展技术开发等项目合作。

各院部及学校教务处、人事处、科研处和督导处等职能部门要不定期地到企业走访，了解教师在企业的工作、学习情况，包括到岗情况、工作内容、工作纪律和工作成效等，探讨交流、解决问题。教师进企业实践结束，要撰写总结并填写《职业技术学院教师进企业实践考核表》，提交进企业实践效果的证明材料，如完成课题的报告或论文，收集的有利于教学教研的案例材料；与企业共同开发的培训资料；为企业培训员工、提供咨询、解决实际问题等方面的企业证明和案例材料；与企业签订的课题合作协议；企业捐赠学校的设备和资金证明材料等。

各院部、教务处、人事处等有关部门对教师进企业实践的情况进行综合考核，评定考核结果。有下列情况者视为考核不合格：实践时间内，学校检查或抽查到教师缺岗，且经核实事先没有向所在院部办理请假手续的；教师在实践期间，不遵守实践单位规章制度，造成投诉并影响恶劣或导致学校形象受损的。

教师进企业实践回校后，要在院部范围举行进企业实践成果汇报会，汇报自己的实践情况、收获与体会。教师进企业实践期间的待遇按照高职院校有关规定执行；对考核不合格的教师，扣减或不计绩效津贴；对进企业成绩显著的教师，学校按其贡献给予适当奖励。经批准在寒暑假期间进企业实践的，按加班标准每天计算补助。对于考核不合格的，则应减少甚至取消补助。

2. 企业专家进学校

企事业单位的专家、技术骨干和能工巧匠进学校。学校聘请企事业单位的专家、技术骨干和能工巧匠到学校担任兼职教师，传授实践技能和知识技术的应用，承担部分专业实训课及相关课程的教学任务。积极推介优秀教师为企业职工进行培训，也可推介学校高层（院、部领导）担任企业顾问，定期进行系列讲座，并创造专任教师和兼职教师交流的机会，如在筹建专业实验、实训室，组织教研活动等方面，积极邀请兼职教师参与，认真听取他们的意见和建议。让兼职教师指导校内教师的实践教学活动，安排专任教师和兼职教师结成对子，互通有无、取长补短等。

外聘兼职教师的任职条件。具有良好的师德、较强的敬业精神；具有一定的教育教学经验，熟悉高等职业教育的教学方法；具有中级以上专业技术职称或本科以上学历，专业知识水平较高，能胜任所讲授的课程或毕业设计论文的指导工作。某些专业课程经批准可适当放宽任职条件，但需持有相关专业职业资格证书，或技能岗位等级为高级工以上，或具有相关专业 3 年以上的工作经历，身体健康，精力充沛，能完成教学任务。

外聘兼职教师的管理。外聘兼职教师管理由学院（部）、教务处、督导处和组织人事处负责。各院（部）按统一的要求建立起本学院（部）外聘兼职教师档案。组织人事处汇总并建立全校外聘兼职教师档案库。各院（部）具体负责兼职教师的日常管理工作。每学期召开一次外聘兼职教师工作会议，了解外聘兼职教师的教学情况，通报学校教学信息，总结教学工作。教务处负责审核和检查兼职教师的教学工作量。兼职教师的教学质量由督导处和院（部）共同监控。督导处、各院（部）根据教学计划的要求，应不定期地抽查和了解外聘兼职教师的授课情况和课程辅导、作业批改等情况，检查教学质量。对学生意见强烈、教学效果差或严重违纪的外聘兼职教师，由督导处、各院（部）研究后及时予以辞退，并由各院（部）做好后续工作。

外聘兼职教师的职责。教学工作量包括上课、辅导、批改作业、出试卷、批改试卷、评定成绩和试卷材料归档等。按学校的教学计划、课程标准等教学文件进行讲义组织和教案制订，按行动导向、学生主体的要求实施教学，必须备有所教课程的教案，以保证教学质量。学期第一周填写"授课进度计划"并经各院（部）审核后交教务处存档备查。严格按照课程表讲课，未经聘任学院和教务处批准，不准擅自调课、停课或者更换教师。因事因病请假，复课后必须及时补课。认真进行课程辅导，作业批改。参加所授课程试卷的出题、监考和评卷等工作。在每学期课程考试结束后，按学校要求及时录入和送交学生成绩，并按照学校对试卷相关材料的要求，提供相应的材料。参加各院（部）组织的集体教研活动，每学期参加教研活动不少于 4 次，并对学校的各项工作提出合理化建议，共同搞好教学活动。

（三）技术交流

双方合作进行各种类型、各个层次的科技项目研究开发，可以通过相关媒体刊登相应的科研成果。校企联合参与行业活动，双方利用各自的优势资源，在符合当地区域经济特色的各种行业项目中深层次合作，发挥学校与企业双方各自的优势，构建"双师"双向交流、校企双向服务的机制，借助双方的师资、技术、场地和设备优势，以项目合作形式开展核心课程建设、新产品的研制、高技能与新技术培训、继续教育等方面的合作。同时，争取政府支持，共同研究，共同开发，共同实施，促进地方经济发展。校企双方利用各种学术会议、行业会议和有关推广资源，推荐介绍对方，以提高双方的知名度和影响力。

（四）文化交流

学校与企业合作举办多样化的活动（校企合作交流会、企业文化活动、企业调研活动、创业大赛、创业成果展示等），为在校大学生推介校企合作项目。这些活动可邀请媒体、企业家和专家教授等前来参加。

三、组织实施

各院部校企合作办公室负责"双师"双向交流的组织实施。为提高工作效率，各院部与相关企业要成立双向交流联络工作小组，工作小组由双方各委派 1—2 名工作人员组成。联络小组负责日常联络工作，提出阶段性合作计划，协调解决交流中的有关具体问题。

原则上每个专业，每学期与相关企业和兼职教师所做的交流要达 3 次以上。每次交流要做好记录，各院部负责检查本院部"双师"双向交流情况，组织人事处负责检查各院部"双师"双向交流情况。

各院部定期走访企业人事部门负责人，了解企业发展情况、人力资源情况和在岗员工技术、技能提升的需求，及时为企业发展提供人才培训服务，落实双师双向交流计划，分析、交流工作的开展情况。

第二节　校企实践基地共建机制

一、校内实践教学基地

校企深度融合，共建"校中厂"。引进企业进驻学校，企业按生产要求提供建设生产车间的标准、加工产品的原材料和产品的销售，学校提供符合企业生产要求的环境、场地和设备，建立生产型实训基地、教学工厂。企业选派人员管理工厂生产经营，指导师生的生产、实践和实习实训，帮助学校完善实训课程体系；学校按照生产要求，将实训课程纳入整个教学体系当中，安排学生到"校中厂"顶岗实习，派教师到"校中厂"实践。企业依据自身的生产设备和技术人员情况，提出人才需求规格要求，由校企双方共同开发实践教学课程，将企业文化、生产工艺、生产操作等引入教学课程内容。高职院校应该积极地与当地的企业取得联系，共建实习基地。

（一）实训基地建立的原则

实训基地的建立原则为共建、共管、共享和共赢。通过优势互补，深入、持续、健康地合作；服务教学原则，"校中厂"实训基地应积极开展实践教学、科学研究和中间试验，逐步成为技术密集、效益较高的实训基地；统一管理原则，校企双方的利益与责任必须高度统一，包括统一领导、统一管理、统一规划和统一考评；校企互动原则，实训基地为学校师生提供现场教学和生存实践的平台，学校为企业一线技术人员提供更系统、更安全的理论知识，学校聘请企业一线技术人员作为学校兼职教师，通过校企互动，学校师生提高实践技能，企业技术人员增长理论知识，实现理论与实践互补。

（二）实训基地的资产管理

"校中厂"资产采购程序参照《校内实践教学条件建设与运行管理程序》执行，该资产列入学校固定资产，作为校产的一部分来管理。"厂中校"资产采购，由企业负责或双方另行协商处理，该资产不列入学校固定资产管理，由企业单列"校企合作资产"来管理。"校中厂"资产主要按照以下条款进行管理：

①"校中厂"固定资产日常维护由使用单位负责，大修和改造项目由使用单位提出，相关上级部门批准，由资产管理部门组织实施。"厂中校"固定资产的维护由企业负责，设备改造项目则由双方另行协商处理。

②校企合作项目资产校内转移，需到学校资产管理部门登记，同时相应变更资产管理台账，做到账、卡、物相符。校企合作项目资产原则上不允许向校外转移，如确实需要，则应按照设备变更要求，办理相关设备迁出手续，如长期迁出，则应及时注销。

③"校中厂"资产报废参照校产报废的相关规定和程序执行，报送合作企业备案。"厂中校"资产报废参照企业资产报废程序执行，报送学校备案。

（三）实训基地的绩效考核

为了推动"校中厂"实训基地健康发展，保证"校中厂"实训基地的运行质量，学校每年按照《合作协议书》和"校中厂"实训基地考核标准对"校中厂"实训基地进行考核。考核结果作为"校中厂"实训基地是否继续运营的依据，也作为是否与原协议人续签的依据（原则上考核结果不低于 70 分）。"校中厂"实训基地考核标准如下：

①人才培养（分值 20）。按合作协议提供足够的学生实习实训岗位；产教深度融合，落实"两对接"（课程内容与职业标准、教学过程与生产过程）。

②双师双向（分值 20）。专任教师与企业技术人员对接与互通，打造双师结构教学团队。

③教科研（分值 20）。构建校企教学研究团队和技术创新团队，共同开发和实施工学结合课程，共同开展技术研发。

④缴纳费用（分值 10）。根据合作协议向学校按时缴纳有关费用。

⑤合法经营（分值 10）。生产经营符合相关法律和学校规章制度。

⑥安全生产（分值 10）。符合安全生产要求，杜绝生产安全隐患。

⑦现场管理（分值 10）。5S 现场管理；职业氛围营造。

二、校外实践教学基地

学校与理事会内外企业共建了多个校外实习（就业）基地，为学生顶岗实习和优质就业奠定了基础。

校企深度融合，共建"厂中校"。由企业提供实训场地、管理人员和实训条件，按照符合企业生产的要求建设生产性实训基地，将校内实训室建在企业，使单纯的实训室转变成生产车间。"厂中校"以企业为管理主体，将其纳入企业的生产、经营和管理计划当中，由企业和学校共同设计学生的实训课程，学生集中到生产性实训基地顶岗实习、实训和生产。教师和企业师傅共同承担教学任务，实现学生的专业职业能力与企业岗位职业能力相对接、实习实训环境与企业生产环境相一致。

第三节 校企双向服务机制

一、校企双向服务工作机制

推进校企双向服务项目向深度和广度发展；负责指导各二级学院校企服务合作开发项目的立项申报与建设工作；对跨专业、跨院部、跨领域的校企合作服务项目加强协调和管理；负责校企合作横向科研项目的推进，促进科技创新平台建设，校企共同开展科技研发，引导专业教师积极为企业提供技术服务，提高学校的社会服务能力。

学工处、教务处、组织人事处、财务处、资产后勤处和继续教育学院等部门在各自职责范围内负责校企合作双向服务的有关工作，形成齐抓共管的良好局面。具体包括：学工处主要负责学生顶岗期间的思想政治教育和安全管理工作，为学生的就业创业搭建良好的平台。教务处主要负责校企实践基地共建的管理、学生顶岗实习教学管理、专业建设指导委员会的建立与管理、校企合作课程开发等工作。组织人事处负责"双师素质"教师与"双师结构"教学团队建设等工作。聘请行业企业专家和专业技术人员、高技能人才担任兼职教师，承担实习实训等技能教学任务，为教师举办培训班和讲座，有计划地安排专业教师到合作单位实践锻炼。财务处主要负责核算校企合作服务项目运行成本，审查校企合作项目运行收入分配方式的合理性及财务管理。资产后勤处主要负责校企合作校内工作场地、设备的管理与监督使用及项目终止时固定资产（包括捐赠仪器设备）的清理与回收，积极为校企合作提供相关支持与服务。继续教育学院主要负责为合作企业职工提供继续教育与培训服务等工作。

二、校企双向服务内容

校企共同修订完善《校企合作实施办法》《科技特派员工作管理程序》等文件，利用学校的人力资源优势和先进的实验实训设备，与企业共同建立集科研、生产、应用和高级技术技能人才培养于一体的运作体系，形成校企双赢局面，建立校企双向服务机制，达到合作发展的目的。

依托校企合作办学理事会，充分发挥高职院校为地方经济社会发展服务的职能，依托企业行业优势，充分利用教学资源，建立紧密结合、优势互补和共同发展的双向服务机制。

（一）专业课程建设和资源建设

校企双方根据市场人才的需求情况，共同开发专业核心课程，建立突出职业能力培养的课程标准。企业提供相关职业资格标准、行业技术标准、相关岗位知识与技能要求等资料，利用自身的各种素材，不断丰富校方的教学资源库，包括重大项目可对外披露的设计文档、流程图和视频资料等。

在设置课程时一定要考虑课程规范。不管是在课程组织，还是在课程的实践过程中都要符合课程规范的要求。倡导课程组织的灵活性和多样性，提倡课程改革的标准化与同步化，提倡课程多参与实践，在真实的生产过程和生产环境中培养学生的专业技术及应用能力。

（二）"订单"式人才培养

招生前与企业签订联合办学协议，形成"订单"式人才培养模式。校企双方共同制订人才培养方案、课程标准和学生的理论课，专业课由学校负责完成，学生的生产实习、顶岗实习在企业完成，毕业后即参加工作，实现就业，达到企业人才需求目标，具体设有定向委培班、企业冠名班和企业订单班等。

（三）科技开发合作

双方合作进行各种类型、各个层次的科技项目研究开发，校企联合参与行业活动，双方利用各自的优势资源，在符合地方经济特色的各种行业项目中进行深层次合作，争取地方政府支持，共同研究，共同开发，共同实施，促进地方经济发展。

（四）合作构建"双师结构"教学团队

聘请行业企业专家和专业技术人员、高技能人才担任兼职教师，承担实习实训等技能教学任务，为教师举办新技术、新设备、新工艺和新材料内容的培训班及讲座，有计划地安排专业教师下企业实践锻炼。

（五）共建实践基地

学校引进企业建设"校中厂"，借助企业生产环境和技术指导，组织专业实习，使学生提前接触生产过程，在实践中学习和掌握专业知识和技能。学校根据专业设置和实习需求，本着"优势互补，互惠互利"的原则选择适合企业建立"厂中校"，作为师生接触社会、了解企业的重要阵地，实现"走岗认识实习、贴岗专业实习、顶岗生产实习"，利用企业的条件培养学生的职业素质、实践能力和创新精神，增加专业教师的实践机会，提高其实践教学能力。

（六）交流与培训

企业派出技术专家为校方承担部分相关课程教学任务，聘请校方优秀教师作为企业特聘专家。校企双方每学期进行 1—2 次的教学探讨。校方与企业共同组织或参加同行业教学研讨、学习观摩等活动，企业定期向校方提供专项知识讲座，服务师生。

三、科技特派员机制

高职院校立足当地产业发展需要，实施科技特派员机制。这是校企合作的主要形式，也是学校主动服务社会的举措之一。其目的是引导广大教师深入企业（单位）、行业协会和工业园区等，积极开展社会服务活动，增强教师的社会服务能力。拓展校企合作空间，规范管理，推动校企合作办学工作，建立学校技术人才服务地方、服务企业的长效机制。

学校选拔具有扎实的相关技术领域专业知识、较强的社会服务能力、组织协调能力和有工作责任心的教师，将其派驻到工业园区、专业村镇和行业协会等，开展校企合作、人才培养、调研和联络工作。科技特派员服务区域覆盖当地主要地区。

（一）特派员选派原则

1.按需选派

根据地方经济发展规划、区域经济发展要求和人才需要，选派专业对口、具备较强科技与社会服务能力的骨干教师担任科技特派员。

2. 任务明确

特派员派驻期间，有明确的工作任务和阶段性成果目标。以此为目标，开展相关工作。

3. 绩效考核

特派员派驻期间的工作成效与教职工年度绩效挂钩。特派员派驻期满后，应进行绩效考核，综合考察特派员的工作成效，主要包括特派员派驻期间工作任务完成情况和预期目标达成情况。考核目标写入年度个人岗位职责（任务书），考核结果计入年度工作量，作为年度绩效考核的依据。

（二）特派员应具备的条件

特派员特指立足当地产业发展需要，从学校全体在岗教师中选拔，将其派驻到当地境内的工业园区、专业村镇和行业协会等。开展校企合作、人才培养、调研和联络工作的人员须符合以下基本条件：

①为学校在岗人员。

②具有中级（含中级）以上专业技术职称。

③具有扎实的相关技术领域专业知识，较强的社会服务能力、组织协调能力和工作责任心。

（三）派驻单位应具备的条件

①具有相当数量会员单位的学会、协会，或具有相当规模的园区管委会，或政府部门认定的专业村镇。

②有人才培养、员工培训和技术攻关等方面的需求。

③认可校企合作办学工作理念，能积极配合科技特派员开展工作。

（四）特派员工作任务

1. 调研工作

深入一线，了解企业（单位）生产经营状况，考察企业（单位）技术和人才需求，收集企业产品信息与技术资料，分析、研究企业所在行业发展状况，为学校制订相关专业人才培养计划提供一手资料。

产教融合平台融合了大量的企业和相关行业，利用"政产学研市"的联动机制，可以深入了解整个行业和主要企业发展的现状、问题及发展趋势，从而为政府、行业、企业提供咨询建议，为高职院校提供人力需求报告，为科研机构提供产业需求的一手资料。

根据技术和行业发展趋势，特派员要在充分摸清企业（单位）技术需求的基础上，收集新工艺、新技术、新产品信息，以及国内外市场动态信息，了解相关技术领域的发展态势和资源布局，分析和研究有待攻克的关键技术和共性技术难题，协助企业制定技术发展战略，推进学校有关专业教师与企业协同攻关。调查地方行业发展状况，为地方政府出谋划策。

以上调研工作必须撰写和提交调研报告，并附有相关部门或单位的认可（或采纳、实施）证明和支撑材料。

2.校企合作平台建设

构建校企合作长效运行机制。校企合作是我国高职教育的发展方向和前景所在,因此,特派员要根据学校专业特点,结合实际情况,充分发挥桥梁和纽带作用,根据企业（单位、园区）技术需求和发展战略,努力促成企业（单位）与学校的有效对接,提出机制建设内容需求、合理建议与方案,建立学习、研究合作的长效机制。

产教融合从本质来讲,就是一种新型协同创新模式。这种创新模式就是对各种主体资源的优化配置,实现各个参与主体之间的实时交流,获取更多的资源。通过主体之间的共享,提升参与主体的技能与核心创新能力。利用校企平台,联合培养人才。通过推动校企共建平台,为企业培养技术人才,为学校提供实训场地。

（五）特派员工作考核

特派员工作考核,每学年开展一次,在全校年度绩效考核时段进行,分特派员自评、管理部门审核和网上公示三个阶段。特派员考核等级分优秀、良好、合格和不合格四个等级。考核成绩低于60分为不合格,60至79分为合格,80至89分为良好,90分以上为优秀,绩效等级按当年学校绩效考核办法执行,考核不合格者取消下一年度特派员推荐资格;对考核成绩优秀、表现突出的特派员,学校应授予"年度优秀特派员"称号和适当的物质奖励;学校对连续做出突出贡献的特派员,在技术职务晋升时应给予优先考虑。

（六）经费来源与管理

特派员工作经费纳入学校预算,归科研处管理。科技特派员工作专项经费主要为特派员进驻企业（单位）的差旅费和会务费。差旅费主要包括特派员进驻企业的交通、住宿和伙食补助等,会务费包括邀请企业（单位）代表来校参观、学术研讨等产生的费用。特派员进驻企业（单位）的差旅费由特派员提交工作台账到科研处,经科研处审核后,按正常出差报销程序办理,各项开支标准按学校统一规定执行。

四、建设创新与育人发展中心

以地方政府为主导,以切实服务地方经济和社会发展为宗旨,通过大型企业的强强联合,成立协同创新中心,推动学校与地方企业或产业化基地的深度融合,形成"多元、融合、动态、持续"的协同创新模式与机制。学校应高度重视、大力支持协同创新中心、协同育人平台的培育建设工作,从经费、人员和场所等方面进行专项投入。

产教融合平台本质上就是一个创业创新的有效载体。鼓励并引导学生、教师参与创业创新实践,并将创业与专业、与科技、与区域产业、与政府导向相结合,提升师生的创业知识和经验、创业意识、创业能力、科技知识、创新能力和创业成效,其也是产教融合一项很重要的功能。通过这个载体,形成完整的创业实践教育体系。当然,学院也要与当地政府、行业协会、企业和新闻媒体及时沟通,整合各种社会资源为创业教育服务,推动学生创新创业的社会环境建设。

第四节 产教融合就业机制

一、就业工作机制

职业教育的办学方针就是以就业为指导，将学生的就业工作放在重要位置。产教融合既是实现高职院校与企业之间共赢的重要方式，又是实现职业教育与企业可持续发展的重要途径。

高职院校应认真落实就业工作重心，明确校、院两级工作职责，加强目标管理。企业提供生产标准，参与人才培养方案的制订，参与课程开发，安排学生顶岗实习，提供就业岗位，反馈毕业生信息，积极与学校开展合作育人、合作办学，提升学生就业能力和就业质量加大学生就业奖励基金和创业基金额度，扩建学生创业园，搭建创业平台，开展创业教育，提升学生的创业能力。高职院校强化职业生涯规划和就业指导课的师资队伍，以及学生就业服务指导中心建设，提供就业信息，开展就业咨询；建立毕业生跟踪调查制度，及时调整培养方向，适应企业要求。

二、就业反馈机制

学校做好就业意向及需求市场分析工作。多年来，根据高职院校对毕业生进行的择业意向调查，对用人单位的用人取向和用人变化进行调查，并对各专业近几年的毕业生进行部分回访，收集用人单位对录用毕业生的满意度反馈意见，有针对性地开展就业宣传和就业指导，较好地服务于学生就业。学校还要对往届毕业生进行就业质量跟踪调查，发放"毕业生就业状况调查表""用人单位对毕业生就业质量评价表"，配合第三方评价机构，进行毕业生跟踪调查工作，完成高职院校近几届毕业生就业质量年度报告，按时上传至省教育厅就业指导中心。

三、产教融合就业机制的发展现状与构建

（一）发展现状

1.经济基础发展不协调

经济基础是职业教育实现产教融合的基础，只有足够的资金支持才能保障高等职业教育改革的有效进行。但是与区域经济的增长相比，中等职业高职院校的办学实力明显不足，资金的缺乏导致高等职业教育离实现职业教育产教融合还有一段差距，在发展过程中，很难实现企业经济与职业教育产教融合的有机统一。与此同时，区域经济发展的不协调导致

高职院校的办学实力很难适应区域经济的发展战略，所以缩短高职教育改革与区域经济发展的差距是当前的主要工作任务。只有不断优化高职院校改革，才能有效弥补区域经济发展的不协调，减少职业教育发展的不平衡情况，最终实现职业教育产教融合、与区域经济协调一致，进而适应区域经济发展的整体战略。

2. 高职院校课程设置不合理

近年来，随着经济发展进程的不断加快，产业在发展过程中对专业性人才的需求也呈现多样化的态势，进而导致人才培养与产业需求之间的不平衡。高职院校所设置的很多专业都是为企业的发展而服务的，但是产业的不断升级导致行业与人才培养之间产生了很大的差距，导致高职教育与实际需求之间严重不协调，即使是专业性的技术人才也满足不了企业日益发展的需求。这种矛盾导致产业发展受到了阻碍，同时企业需求与人才能力之间严重脱节，使学生在未来的工作中缺乏实践能力和技术指导，限制了学生自身的发展，也影响了高职院校的教育水平。

3. 企业的配合度不高

实现职业高职院校的产教融合，主要是为了实现人才培养的目标，但是当前，大多职业院校在实现产教融合的过程中，严重缺乏政府的政策支持，企业在与职业高职院校进行合作的同时，缺乏科学、完善的指导体系，进而导致高职院校产教融合的效率低下。同时，相关企业在参与高职教育产教融合的过程中也没有得到实际利益的满足，所以在此过程中，企业的参与度和积极性普遍不高。此外，高职院校的能力有限，同时还缺乏资金支持，导致高职院校自身缺乏吸引力，致使企业不愿意加入高职教育产教融合的机制，进而加大了实现产教融合与校企一体化合作的难度。

（二）机制的构建

1. 保障机制的完善

当前，我国的高职院校在实现产教融合的过程中，存在缺乏政府的政策支持的情况，也缺少科学、完善的指导体系，导致产教融合效率低下。针对这种状况，首先要建立健全相应的保障机制，为高职教育实现产教融合提供制度依据，坚持依法治理，只有这样才能确保高职院校产教融合机制的建立、健全和有效实施；其次，建立相关的制度可以确保高职教育在经济社会发展过程中的重要地位，通过加大投入力度来确保高职教育人才培养的有效进行，同时通过法规的制定来带动高职教育产教融合机制的实施；最后，建立现代高职院校制度，以此来引导高职院校走上职业化的管理之路，引导高职教育走进企业实践，在教学实践中全面推动校企融合。

2. 资源配置多元化

经济条件是高职教育实现产教融合的基础和前提，只有足够的资金支持才能保障高职院校教育改革的有效进行，所以，想要保障高职教育产教融合的有效运行，首先要保障资金来源的多元化。要建立资源多元化的配置机制，保障不同层次的职业院校及行业组织有机融合在一起，优势互补、资源共享，并实现真正意义上的产教融合，为企业的发展培养出更多的技术性人才，缩小企业人才需求与实际教学模式之间的差距，将行业资质、产教融合与校企一体化合作及社会组织进行整合，通过建立资源多样化配置机制来满足企业对技术性人才不同程度和不同层次的需求，进而促进高职教育产教融合的科学健康发展。

3. 立足于当地经济发展

高职院校的办学理念要服务于当地的经济发展，伴随着产业结构的升级换代，高职院校也需要进行相应的调整，以适应当地的经济发展，不断深化教育改革，政府、企业和高职院校三位一体，共同发展，服务于当地经济需求与发展。

4. 打造专业的教师团队

专业的教师团队是提高办学质量的关键要素。高职院校要积极调整教师队伍，科学设置专业教师的数量与配比，不断提升教师的素质与水平。实现部分师资的成功转型，适应新兴专业的发展；积极引进专业人才，学院每年派相关领导分赴全国各地招聘专业人才；积极推荐可塑力强的教师到企业或科研院所进修培训，为高职院校专业调整和转型提供有力的师资保障。

（三）形成地方特色品牌专业

1. 搭建产学研平台

高职院校自建院开始便积极探索产教融合的方式与途径，经过多年的实践，学院主动"走出去""请进来"的合作模式已初显成效。高职院校主动"走出去"，寻找学院与企业的契合点。高职院校结合新农村建设大力推进的现实，结合学院农林专业发展所需，组建"校中厂"相关企业，为学生顶岗实习和就业、教师开展技术研发提供了崭新的平台。

2. 创新机制

产教融合的有效实现使双方在合作中互利共赢。长期以来产教融合与校企一体化合作表现出了高职院校单方面热情的尴尬局面，为了避免"剃头挑子一头热"的尴尬，作为地方政府主办的地方性高职院校，学院应充分利用政府的先进政策，创新产教融合，出台激励政策与扶持政策，使企业能从产教融合中受益。建立产教融合发展基金。支付给学生实习期间的报酬，准予在计算缴纳企业所得税前扣除。对稳定接受学生实习实训、教师顶岗实践、支付实习学生报酬的企业，将相关经费计入企业成本，在税收上给予优惠，对职业教育发展所需的征地、基本建设等项目，地方税务应减免相关税费。

产教融合的企业可以充分利用学院的人力资源，还可以减免税费，区域内企业开始主动寻找双方的契合点与学院进行"联姻"，有些学校现已与区域内多家企业建立了较为稳定的战略合作关系。

（四）推动产业链融合发展

1.积极建设农村综合服务中心

一所地方性的高职院校，应该建立在服务地方经济发展的地方。地方经济发展相对薄弱的地方就是农村，应对其积极推行产教融合，建设农村经济建设服务中心，使其不断地创新与发展。

2.共同促进相关课程开发

校企合作共同开发相关课程，紧密联系社会实际需求。相互参考，共同建立新的课程标准，共同研发新的教学课程，双方互利。共同拟订教学方案，共同开发工学结合教材，共同拟定考核规范和建立试题库。课程内容要及时反映生产技术发展状况和生产技术规范要求，实现教学内容和生产实际的统一，并满足职业资格、技术等级考核的要求。

第五节　产教融合激励机制

一、人事管理与分配制度

大力推进校内人事管理与分配制度改革，坚持分配向教育教学一线的教师倾斜，确保教学一线人员人均绩效津贴标准比行政教辅部门高 5%。

完善公平、竞争、高效的校企合作激励机制。修订完善《关于深化绩效管理改革的实施方案》，进一步深化院校二级管理，扩大院部在教师引进、教师聘请、教师课酬、技术开发、经费支配等方面的自主权，实现重心下移；从社会效益和经济效益等角度制定教师参与校企合作与技术服务的核算标准，将其作为教师应完成的标准工作量的组成部分之一，纳入薪酬体系；将教师参与校企合作情况计入教师业绩考核范围，作为职称评定和年度考核的重要指标。

二、校企合作激励制度

（一）校企共建创新平台的激励内涵

激励是指组织群体为了实现既定的目标，通过特定环境条件和方式方法，以及完善的管理体系，将团队成员的心理目标唤醒和激发出来，使其对组织的承诺实现最大化，增强组织成员心理的调节能力和行为的控制能力，最终实现驱使个体持续有效地为组织利益着想，实现个体的内在目标与组织的整体目标相一致的过程。校企合作的激励机制是指根据平台的具体需求，在实际合作的过程中充分考虑内外积极因素，利用一切可利用的方法，使合作主体为合作目标持续挖掘智慧、努力解决问题的同时，积极性和合作动力不断提高的一种系统方法。校企合作激励的主要目的是激发合作团队成员的正确行为动机，调动其积极性和创造性，充分发挥智力效应的迭代效果，以做出更大的成绩。

（二）校企合作团队分析

参与校企合作的团队是校企合作平台的基本组成部分，校企合作激励机制的对象也主要是参与合作的团队及其成员。因此本部分主要对参与合作的校企合作团队进行剖析研究，以寻找解决激励机制构建的方法。校企合作的团队主要是由学校师生和企业的相关成员共同组成的，双方成员以任务为导向，以实现共同目标为最终目标，全体成员通力合作，实现人力、智力、财力和信息的重组优化、有效组合。

1. 参与合作团队的特点分析

（1）跨组织，结构扁平化

参与合作的团队一般是一个特殊的、临时的团队，团队一般因为合作项目而产生，可能因为项目终结而解体。从组织形式上讲，合作团队是一个跨组织的团队，文化差异较大；从构成上来讲，合作团队主要由学校师生和企业的团队成员构成；从结构上讲，合作团队的组织机制和性质对团队成员充分授权，团队成员可以有充足的发挥空间，对合作创新所面临的问题进行充分的决策，这属于典型的扁平化结构。结构的扁平化使得合作团队的管理范围和跨度得以拓展，避免了很多冗余的审批沟通环节和内耗，增强了工作的协同性，产生了比单个主体简单加和更大的价值。此外，团队中每个成员的人事关系依然属于原单位，对项目研发中出现的问题有充分的发言权，彼此之间并不存在谁比谁优越、谁是谁的领导的问题，不存在上下级关系，彼此之间都是平等、独立的，是一种相互鼓励、相互切磋、相互促进的平等关系。

（2）知识结构合理

学校的师生和企业的工作人员在参与合作团队之前有着不同的工作经历和工作经验，也有着不同的知识结构与技能基础，双方的搭配组合使得合作团队实现了知识互补、知识结构多样化，从知识结构和技术储备方面为合作项目及任务的完成提供了保障。更为重要的是，团队成员之间正式的和非正式的沟通交流，有利于团队成员之间的思维碰撞，调整工作思路和方法，从而激发出新的思路和灵感，为项目任务保质保量地完成产生积极的影响。

（3）合作与竞争并存

团队成员处于一种各为其主的合作状态，合作是因为双方组织赋予的任务使命，为了完成各自的任务，双方成员都会尽自己最大努力进行探讨合作。同时，基于对认可的需求，团队成员也会努力工作以期得到认可，彼此之间又存在着赶超、竞争的关系。可以说，合作和竞争是共生并存的关系，任何团队组织如果没有了合作和竞争，那么这个团队也就失去了活力。但是校企合作过程中团队的竞争是一种合作性的良性竞争，而不是对抗性的恶性竞争。

2.参与合作的团队成员的特点分析

（1）人员素质相对较高

能够参与到合作中来的团队成员的学历和文化层次相对较高，而且都具有较为专业的知识背景和技术能力，有的还是行业内的学术带头人。由学校师生和企业研发人员组成的合作团队有自己的工作习惯和特点，注重自我管理和启发，对工作有较强的责任心和忠诚度。

（2）进取心强烈，具有开拓创新精神

从事项目研发创新活动的人员必须不断地更新自己的知识储备，否则思维就会僵化，创新能力就会减弱。能够长期从事研发工作的人员必定具有保持自身优势和价值的方法和良好的习惯，而且具有强烈的进取心和学习欲望，对未知的领域和困难保持着较强的好奇心。这些特征都非常有利于校企合作项目的完成。

（3）需求层次较高

团队成员将攻克难题看作一种乐趣，注重自身素质的提升和自我价值的实现，从具体的合作中体会成功带来的喜悦，从而实现更高层次的价值需求。校企合作运行阶段机制分析、认可和参与决策等是激励他们的重要因素。

（三）校企合作激励机制的运行机理

1.校企合作项目的需求因素分析

资源的充足补给。学校和企业之所以选择合作，就是因为单方面的资源不能满足各自的需求，或者因为自身追求的目标对资源有更高的需求。此外，在双方合作的过程中，也必须对所需资源进行调整，否则就会导致创新不足，校企合作平台就不会充分发挥功效。

科研氛围的营造保持。严谨、浓厚的科研氛围对合作团队而言至关重要，只有形成了较为成熟的科研氛围和科研习惯并能够得以保持和持续，才能激发团队的集体智慧，才能为合作创新提供智力保障和环境烘托，促进合作效果的显著提升。

公平合理的评价体系。团队的合作效果最终要依靠评价来进行确定，评价的指标主要包括成员的努力水平、成果产出量化、研发成果的数量和价值等。评价指标要适当、合理，只有评价进行得合理，才能及时、准确地衡量合作团队的创造能力，才能纠正平台的偏差和潜在风险。

2.参与合作团队成员的需求分析

根据马斯洛的需求层次理论，人的需求可以分为生理需求、安全需求、爱和归属感、尊重和自我实现五个层次。结合激励理论和参与合作团队成员的特点，马斯洛的生理需求和安全需求对团队成员而言不是最重要的，其他三个层次的需求更为重要，具体到实际合作过程中，可以归纳为以下方面：

薪酬是合作团队成员需求的基本起始点，薪酬激励对大部分成员都是有效的。尤其是针对普通的科研工作者和基层的企业工作人员，经济性报酬依然是其改善生活最主要的来源，在各种需求中处于重要位置。确立薪酬体系的基本步骤包括：首先对双方员工的薪酬现状进行调查，尤其是相关行业的薪酬制度和薪酬水平；其次确定成员的绩效标准，这时可以使双方独立核算和制定标准，也可以保证合作成员在原单位领取薪水的基础上，根据项目的进度进展和效益来评定绩效标准；最后设计薪酬结构，包括基本工资、绩效、福利，以及各自的分配比例。此外，薪酬激励还需要依据团队成员职位变迁、工作经验的积累和需求层次的变化适时进行调整。表扬、奖励、认可、肯定和尊重是合作成员的更高层次的需求。学校和企业联合组成的研发团队，是一个涉及双方合作的组织，成员来自不同的组织，具有不同的企业文化和认知差异，团队成员之间只有相互鼓励、相互尊重，才能营造良好的合作氛围。这样既有利于培养团队成员之间的凝聚力，也有利于自身创造力的发挥。马斯洛认为，人的自尊是与生俱来的，每个人都希望自己有威望、有实力、有信心，如果尊重的需要能够被满足，就会激发出个体无限的热情和主动性。

自我实现是最高层次的需要。团队成员的个人理想和价值追求是促进其不断创新创造的不竭动力，有时甚至表现为自我超越。在组成合作团队的时候，就需要将不同的成员放到合适的工作岗位上，尽量使每位成员都能做自己感兴趣的工作。

3. 校企合作平台的激励因素分析

校企合作平台的激励因素，主要是指对合作平台及团队成员产生积极作用的相关地方应用型本科院校的校企合作机制研究因素。下面结合校企合作的情境特点和技术创新的需求特点，以及团队成员的具体需求，主要从形象的激励因素和抽象的激励因素两方面对相关影响因素进行分析和定位。

（1）形象的激励因素分析

薪酬激励。学校和企业研发人员的薪酬水平并不高，经济报酬类的激励因素仍是团队成员最主要的需求和刺激因素，也是非常有效的激励手段。薪酬不仅是生活的基本需要，也是对成员个体的能力和价值的认可，代表着其社会地位的高低，是个人价值实现最直观的体现。

资源激励。合作团队成员来自不同的组织，构成比较复杂，资源的需求也比较复杂。例如，学校科研人员需要的是资金、设备以及一线的实践经验，企业科研人员需要的是完整的理论体系的引导及对学术前沿的把握等。此外，资源的稀缺性让双方成员受到了一定的约束。如果合作过程中双方所需要的资源得不到满足，那么维持良好的合作关系和创新积极性就只能是一句空话，再好的激励机制也只能是纸上谈兵。

（2）抽象的激励因素分析

物质激励是提高成员生活质量的重要因素，精神激励则是调动成员积极主动性和激发其责任心的重要因素，主要包括机会、制度、发展的平台，以及文化的熏陶等。这两种激励因素使得员工的个人发展空间和成长得到了保证。其中，机会主要包括学习的机会、培训的机会、晋升的机会、决策的机会和获得授权的机会等，要使这些机会通过完善的制度保障，以确保合作团队能够保持积极向上的工作热情和正常运转的动力。

4.校企合作平台的激励目标分析

合作团队的目标要时刻得到成员的认可，必须使成员的自我存在感、情绪和自我认可度达到满意的程度。鉴于此，目标激励需要注意以下几个方面：

（1）目标要具体且具有可实现性

团队的目标对团队成员的行为具有引导、激发的作用。目标越具体，就越具有可操作性，成员的行为方向也就越明确，并且能够根据自身的情况和整体的目标不断进行调整，逐渐靠近既定目标，缩小差距。同时，目标的确定还需要具有可实现性，既要符合团队的利益，又要符合成员的整体认知水平。这样的目标才具有可考评性和努力价值。

（2）目标要客观且具有挑战性

目标的客观性和挑战性并不矛盾，挑战性对团队而言十分重要，既是技术创新活动的客观要求，又是对团队成员自身专业技能的肯定。挑战性与客观性需要兼顾，不能偏向于某一方，否则不仅起不到激励的作用，还会挫伤团队的士气和创新灵感。

（3）团队成员的目标要与团队的目标具有一致性

人是生活在社会环境中的个体，集理性和非理性于一身，团队目标的可实现程度取决于其与团队成员目标的吻合程度。对于团队整体和个体而言，二者的目标一致是最有意义的。

（四）校企合作激励机制的设计原则

1.集体目标与个体目标相结合

在校企合作激励机制构建中，目标的设置需要考虑集体目标和个体目标设置的合理性，只有同时体现二者的需求，才可以更大提高团队的生产效率。

2.具体激励与抽象激励相结合

具体的物质激励手段是基础，抽象的精神激励手段是根本，在两者有机结合的基础上，要逐步过渡到以抽象的精神激励手段为主。

3.惩恶扬善和公平合理相结合

激励机制的主要目的是引导团队成员自觉表现出好的行为，放弃不利于团队的不好的行为。因此，激励机制就必须严格区分正向激励和负向激励，对符合组织目标的行为要进行表扬奖励，对违背团队原则的行为要进行惩罚，而且奖励和惩罚措施要公平、适度和合理。

4.民主公开和机会均等相结合

激励对象的选择要做到民主公开、机会均等，激励的目的要明确、方法要恰当、机会要均等，民主性、公开性和均等性与激励产生的效果和心理效应是成正比的，只有这样才能达到激励的目的，否则，激励反而会起反作用。

5.时效和按需激励相结合

激励措施的实施需要选择合适的时机，越及时越有时效性，则效果越好，越有利于团队成员的自我激励和创造力的持续发挥。在进行激励时，应当充分考虑成员的不同需求，只有满足了不同成员的最迫切的需求，激励的效用和强度才能达到最高。例如，针对临时组建的校企合作团队，缺乏的是双方人员的彼此了解和熟识，这时就可以组织一些面向集体的拓展培训活动，使团队成员在共同的团体互动中体会团队的凝聚力，增加对彼此的熟悉程度，尽快进入无缝合作状态。

（五）校企合作激励机制的构建

为了实现深层次的校企合作，推动校企合作的有效进行，调动内部人员参与的积极性和主动性，构建高效合理的激励机制已经是大势所趋，主要可从以下几方面入手：

1. 构建多元化的激励主体

校企合作是一个涉及各级政府、学校和企业等多个组织的复杂体，这些组织通过彼此之间的依存关系建立合作关系。因此，在构建校企合作的激励机制时要构建多元化的激励主体，尤其是政府要强化主导激励地位，明确学校和企业在合作过程中的主体地位，并充分建立和发挥社会组织的桥梁和纽带作用。

高等教育培养的人才属于准公共产品，学校与企业的合作是有利于这些准公共产品的产生的，要具备上升到国家发展战略的意义，必须通过政府的各种职能手段进行调控和配置。而且高等教育在很大程度上就是政府对资源和政策进行配置后的一种结果，因此，政府作为公共资源的保障者和公共政策的制定者，应当突出其在校企合作中统筹发展的主导地位，发挥其协调、推动和监督的作用，主要可从以下几个方面入手：

首先，政策引导。学校和企业的发展以及校企合作的发展都离不开政府的支持，因此在学校与企业合作的激励机制构建中，政府应成为激励机制的上游，或者说要处于主导地位，为校企合作提供政策激励引导，对学校和企业一视同仁地进行支持。具体而言，政府应通过正式的政策文件确立校企合作的社会地位，明确鼓励支持的态度，并对优秀的、典型的校企合作案例进行大力宣传报道，制定相关的优惠政策和奖励措施，以提高学校和企业的知名度和公信力，调动双方合作的积极性。

其次，资金投入。为学校办学提供办学资金是各级政府的一项基本工作，也是政府发挥主导作用的重要体现。在财政支持方面，政府可以直接向学校拨付资金，也可以对学校的优势学科或项目进行投资，同时，还可以发挥媒介作用，利用政府的公信力使学校和企业进行沟通合作，鼓励企业和社会力量捐资助学，减轻自身的财政压力。

最后，监督管理。学校与企业合作的顺利进行离不开各级政府的监督管理。政府应设立中央、省（自治区、直辖市）、地级市、县（乡）四级专职组织管理机构，承担校企合作平台的第三方监管工作。政府机构应联合教育、财政、人事、发展改革委员会和工商等部门共同成立校企合作指导委员会，制定合作办学的措施和发展规划，解决实际合作过程中的难题和障碍，定期对校企合作的成功案例进行推广和评优奖励。学校和企业也应该相应地成立校企合作办公室，开展对口对接、联系沟通和整体评估等工作。

2.明确学校和企业在校企合作激励机制中的主体地位

校企合作的主要目的之一是培养具备综合素养的技术型人才，这也是校企合作主体的主要职责。虽然政府在校企合作过程中处于主导地位，但是学校和企业这两个主体的地位依然不可动摇。目前，我国存在的校企合作中，存在着一定的表面化、形式化和务虚化的现象，导致合作主体的参与积极性并不是很高。因此，在校企合作的实际开展过程中，在强化政府主导地位的同时，还需要明确学校和企业实施主体的地位，秉承互惠互利的原则，实现双赢。从学校方面而言，我国学校较高的社会地位使得学校的办学理念相对固化，很难真正走出去，去主动寻求与企业的合作。尤其是地方应用型普通学校，可寻求的资源有限，与国内重点学校相比，竞争力也明显不足，更需要发挥主观能动性，主动寻求与企业的合作。鉴于此，第一，要从根本上改变社会对大学的认知，客观认识学校的社会地位，学校也要主动配合，走出象牙塔，寻求一切有利于学校发展和人才培养的资源，完善其社会服务的职能和提升科研的转化率。第二，学校的校企合作要避免扎堆、同质化，要审时度势地认真思考自身的优势和劣势，突出办学的特色，提高人才培养质量及与社会需求的吻合度。第三，高等院校应主动走出去，时刻保持与社会的共融性和同步性，对固有的办学理念、日常管理和教学模式加以更新改进，保持与企业的发展接轨，提高其培养的人才服务企业的能力。第四，对企业有吸引力的项目要主动联系，引入企业的资金、设备及实践经验等。总之，学校应该从办学理念、教学模式、人才培养、优势学科和管理体制等方面进行创新性改进，吸引企业的注资和合作，这也是构建激励机制的前提和基础。

从企业方面而言，我国的大部分企业对校企合作的参与度和积极性普遍不高，这其中主要有两个原因：一是企业的根本目的是实现利益的最大化，企业参与校企合作时必然会对自己的投入和产出比进行计算，一旦达不到预期，必然会放弃合作。而实际的校企合作存在着很多不确定的风险，大部分项目的市场估值不可准确预期，所以企业为了避免风险，一般会保守地选择不合作。二是校企合作过程中，学校一般处于优势地位，企业处于从属地位，企业的义务被过多地强调，而权利却得不到保护，严重挫伤了企业参与的积极性。因此，校企合作必须从调动企业的积极性方面着手，学校需要从合作姿态、合作项目管理和利益分配等方面强化平等理念，政府需要给予参与企业一定的财政补贴、政策优惠、税收减免和精神激励，同时还应该从法律法规等方面对企业的社会责任感进行规定和引导，以此加强企业参与校企合作的意识和明确其对社会的责任和义务。

（六）校企合作运行阶段激励机制分析

1.发挥社会组织的桥梁和纽带作用

行业协会是参与校企合作的主要社会组织，是指介于政府和企业之间，以某个行业为依托，为该行业的生产经营者提供咨询、服务、协调和监督的非官方中介组织。行业协会是连接教育与行业产业的重要桥梁和纽带，旨在促进产学研结合，打通教育与行业产业之间的屏障，确保教育规划、教学内容和人才供给能够与行业产业的需求相吻合，监督企业履行校企合作中的相关职责等方面具有不可替代的作用。概括而言，行业协会在校企合作中的作用主要体现在以下两个方面：

首先，行业协会具有行业教育指导委员会的作用。行业协会在业内的职能相当于指导委员会，行业协会若想实现所在行业的发展创新和持续增长，选择与学校进行合作也是其首选。因此，各行业协会需要不断加强自身的管理体系建设和职能效用发挥，充分突出其行业引导和统筹协调的优势，发挥其在业内的影响力，加强与政府部门的密切沟通和配合，结合行业发展和区域经济有目的、有规划地选择与对口学校进行务实合作，整合行业的优势教育资源和企业资源，进行人才、智力和知识的后备补给，从而推动校企合作取得实质性进展。其次，具有行业资质认证的职能。这里的资质认证主要包括对企业和学校的资质认证，即行业协会对能够进入校企合作范畴的企业和学校进行前期调研和相关的资质考察，这种认证可以是官方的，也可以是非官方的，主要为学校和企业之间的互相选择提供参考，增强彼此的信任。能够参加校企合作的学校需要满足行业内的专业需求、研发需求和人才需求，而企业则需要在管理、规模、经营状况和业内口碑等方面满足条件，并建立关于学校和企业的大数据库。在进行资质认证后，行业协会还需要根据国家的宏观政策和本行业的发展前景，制定、引导和规范校企合作的具体内容和成果转化，引导和鼓励学校与企业的合作，缩短双方进行互选和斟酌合作内容的时间，实现从"点对点"的校企合作局面向"点对面"，再到"面对面"局面的转变，扩大合作的范围，提高合作的成效，加快合作的进展速度。除此之外，政府也要对行业协会在校企合作过程中所起到的作用给予肯定和支持，并进行适当的监管、补充和扩大。从某种意义上讲，行业协会分担了部分政府的职能，如制定规章制度，对企业和学校的合作牵线搭桥等。

2. 提高学校自身的能力和吸引力

校企合作是一项涉及多个主体的大工程。学校为了加强与企业的合作并吸引更多企业参与进来，必须加强自身的能力，并凸显企业参与合作的主体地位。学校在这个过程中应主动适应校企合作的模式，对企业在合作中的地位给予充分的认同，在全校内形成积极的校企合作文化，确立学校和企业合作的双主体地位；调整自身的人才培养模式，加强生产实用型的实践基地建设，提高双方资源的共享度；加快教学改革步伐，不断完善实践教学的管理机制，深化教学大纲的改革，实现教学内容和企业所需要的知识技能的对口对接，切实提高学生的就业数量和质量；定期进行市场需求分析和对口企业调研，构建基于企业需求的专业课程体系，重点强调符合地方区域经济的发展要求；强化教师队伍的组成结构，提倡教师走出去，去亲身体验，并主动将企业的工程师请进来，全面提高教师的现场实践能力，满足学校和企业教学科研和生产培训的根本需求。总之，学校作为主动方应该通过各种措施和途径，增强自身的软硬件实力，以真诚的合作态度和宽广的胸襟建立合作关系，凸显企业在合作中的主体地位，为校企合作激励机制的构建奠定良好的关系基础。

3. 调动各方参与的积极性

完善的激励制度是实现合作主体利益实现的重要保障。合理的制度体系应具有三个特点：一是规制性，即制度必须基于一定的规则，对成员主体的行为具有制约和调节的作用，在实施的具体过程中具有监督作用，对行为的结果具有奖励和惩罚细则；二是规范性，即对于固定行为具有固定的操作程序，并同时强调过程、方式方法和评价的统一性；三是文化认同性，即制度的构建要基于主体行为的文化背景和认知水平，强调共通性。校企合作激励机制的完善主要基于以下几点：

（1）搭建多方合作治理的管理体系，协调各方的利益关系

我国的高等教育管理一直采取的是政府财政拨款的单一定向管理方式。若要实现校企合作，就必须对目前的单一定向管理方式进行改革。要转变政府职能，建立由政府统筹、学校自我管理和企业参与管理的协同管理模式，需要做到以下三点：

第一，中央政府加强在高等教育发展过程中的对口管理，对于校企合作可能产生的问题进行立法、调控和引导，设置专门的机构应对校企合作，加强对校企合作的支持力度和宣传介绍，保证中央政府、学校和企业在合作共赢问题上的利益共识。

第二，地方政府需要根据地方经济的实际情况，在中央政府政策的指引下，根据地方的资源特色和区位优势，对校企合作的具体方向、内容和方式方法等细节进行具体规范，协调各方的利益关系，对校企合作实现微观管理和指导。

第三，在科学、安全、高效的基础上建立投资机制，鼓励校企合作过程中多元化主体的参与。

（2）健全经费保障制度

经费不足是学校办学过程中面临的主要问题，充足的经费不但是学校办学的基础，而且也是校企合作的前提和基础。否则，学校将始终处于"吃不饱"和"穿不暖"的状态，需要填补的"窟窿"较多，这样就会使企业望而却步，因为企业只有把这些"窟窿"填满，才能获利。校企合作的目的不应该定位于"雪中送炭"，而应该定位于"锦上添花"。因此，校企合作激励机制的构建要以健全经费保障制度为基础，主要可从两点入手：一是改变政府单一投入的模式，可以考虑建立校企合作的专项基金；二是学校自身主动寻求资金筹集的多渠道化，解决资金难题。

（3）完善监督管理制度

可以寻求第三方监督管理机构来完成对利益分配的监督，这个机构可以是政府专门成立的政府机构，也可以是通过市场规则确立的第三方监管机构。主要对校企合作的内容进行评价，财务进行审计，过程进行监督，避免利益分配不均产生的矛盾，保证激励机制的有效运行。

第三章　产教融合背景下高职院校人才培养模式

高水平教学是建设高水平高职院校的重要支撑和核心基础，是持续保证并不断提高教育质量立场的强基工程。高水平教学必须有高水平的育人理念、高水平的教育环境和教学条件、高水平的师资、高水平的专业和课程，还要有高水平的人才培养模式。在全面推进产教融合校企合作的背景下，探索人才培养模式，有利于深化高等职业教育改革、有利于探索应用型人才培养规律、有利于实现高职院校人才培养与企业需求的无缝对接。以产业学院建设为平台，推动学分制、"1+X"证书、创新创业、现代学徒制等方面的改革，对提高人才培养水平、促进科技服务和成果转化、增强高校服务地方和产业的能力具有重要意义。

第一节　学分制改革

为贯彻党的十九大报告提出的构建职业教育体系、深化产教融合校企合作精神、落实《国务院办公厅关于深化产教融合的若干意见》文件要求，推进学校人才培养供给侧与产业需求侧紧密对接，指导职业院校深层次开展产教融合、校企合作工作，培养符合产业高质量发展和创新需求的高素质人才，教育部、工业和信息化部结合《国家产教融合建设试点实施方案》，于2020年出台《现代产业学院建设指南（试行）》，明确了产教融合型现代产业学院建设关键要素，提出要形成理念先进顺畅运行的管理体系、共建企业在区域产业链条中居主要地位、主要专业与区域产业发展高度契合、有丰富的教学资源的高水平教学团队。这是国家层面与时俱进、大力推进产业学院的指导文件，其指导思想进一步明确以立德树人为根本任务，发挥企业重要教育主体作用，面向产业需求完善人才培养协同机制，有效整合区域创新资源与校内教育资源，促使政校行企等多主体价值融合、功能互补、资源共享、协同创新，深化产教融合校企合作，实现教育链、创新链、产业链与人才链的深度衔接。

产业学院是以提升院校服务特定产业能力为目标，整合政府、高校、行业和企业资源，建立以应用型人才培养为主，兼有学生创业就业、技术创新、科技服务、继续教育等多功能、多主体深度融合的新型实体性办学机构。建设具有服务区域产业、汇聚各方资源、促进高等教育发展的产业学院。当前，我国经济已经步入"新常态"，经济转型升级和产业结构调整优化需要大量的高层次应用技术型人才。因此，政校行企共建产业学院培养产业人才，推进人才培养模式改革显得尤为必要。

一、高职院校人才培养模式改革

（一）人才培养模式改革背景

近年来，国家对新时期应用型人才培养提出了新要求，特别是对产教融合、校企合作工作提出了新目标、新任务，先后出台了系列深化产教融合的政策文件，这些政策的出台和推行，对产业学院等新型教育平台的建设发展起到了很好的促进作用。2017年，党的十九大提出实施"产教融合、校企合作"，同年12月，国务院办公厅印发《国务院办公厅关于深化产教融合的若干意见》，指出"鼓励企业依托或联合职业学校、高等学校设立产业学院"。产业学院建设成为促进产教融合的国家策略。为贯彻落实产教融合国家策略，推进现代产业学院建设工作，2020年教育部办公厅、工业和信息化部办公厅下发了关于印发《现代产业学院建设指南（试行）的通知》，明确了现代产业学院建设要坚持育人为本，坚持产业为要，突出高校科技创新和人才集聚优势，强化"产学研用"体系化设计，增强服务产业发展的支撑作用，推动经济转型升级、培育经济发展新动能；坚持产教融合，将人才培养、教师专业化发展、实训实习实践、学生创新创业、企业服务科技创新功能有机结合，促进产教融合、科教融合，打造集"产、学、研、转、创、用"于一体的互补、互利、互动、多赢实体性人才培养创新平台；坚持创新发展，充分发挥高校与地方政府、行业协会、企业机构等双方或多方办学主体作用，加强区域产业、教育、科技资源的统筹和部门之间的协调，推进共同建设、共同管理、共享资源，探索"校企联合""校园联合"等多种合作办学模式，实现现代产业学院可持续、内涵式创新发展。

人才培养是高职院校的首要任务。教育部和财政部《关于实施中国特色高水平高职学校和专业建设计划的意见》（教职成〔2019〕5号）提出，"吸引企业联合建设产业学院，推动专业建设与产业发展相适应，实质推进协同育人"，明确了产教融合建设途径和人才培养模式改革方向。《现代产业学院建设指南（试行）》指出，现代产业学院建设要以创新人才培养模式为首要任务，面向产业转型发展和区域经济社会需求，以强化学生职业胜任力和持续发展能力为目标，以提高学生实践和创新能力为重点，深化产教深度融合、校企合作，创新人才培养模式，调整人才培养方案、课程体系、方式方法、保障机制等；积极鼓励各专业打破常规，对课程体系进行大胆革新，探索构建符合人才培养定位的课程新体系和专业建设新标准；推进"引企入教"，推进启发式、探究式等教学方法改革和合作式、任务式、项目式、企业实操教学等培养模式综合改革，促进课程内容与技术发展衔接、教学过程与生产过程对接、人才培养与产业需求融合；协调推进多主体之间开放合作，整合多主体创新要素和资源，凝练产教深度融合、多方协同育人的应用型人才培养模式。

（二）人才培养模式改革实践

产业学院人才培养模式是以学校为主，按照参与市场竞争的企业形式组建具有产业功能和教学功能的现代企业，在真实企业环境中学校与企业、教师与师傅联手实施能力素质人才培养的模式。其主要内容如下：依据人才培养目标构建产业学院性质的企业学院与企业合作制订人才培养计划，与企业合作并为企业"真刀实枪"的服务是产业学院人才培养的特点，企业是评价考核实践教学成果的主体。近年来，加强产业学院建设，推动产业学院人才培养模式改革，成为高等教育特色发展的重要内容，成为提升教育教学质量的重要抓手，逐步形成高校与政府、高校与产业园区、高校与企业、高校与行业协会等多种产业学院建设的模式，彰显深度融合、功能复合、多元共建、贴近产业的产业学院建设的特点，体现现代产业学院人才培养模式改革的特色。

按照"将产业学院建在产业园区，将专业建在产业链上"的建设理念，一些高职院校联合政校行企等不同主体，多元协同，引入企业先进技术体系、先进生产设备、先进培训模式，共建"教学与生产相协同、学生与员工相统一、基地与车间相一致、教师与工程师相补充、技术与创新相融合"的实践平台，校企共同制订人才培养方案、共同开发课程标准、共同组建"双师型"团队、共同搭建实践教学平台、共同创办技术创新平台，以创立产业学院联盟、创办"产业链、创新链、教育链、人才链"四链衔接论坛、创设系列专项课题、创新校企激励措施、创建临时党支部的"五创并举"措施为抓手，大力推行各专业"两对接两访问三落实"（各专业的专业标准对接行业标准、"1+X"证书标准、课程标准对接企业岗位标准，全方位访问产业园企业及校友，落实对接企业、项目及"双师型"团队），通过学分制和现代学徒制"两制"改革，强化学生综合素质、创新创业、专业技能"三育"，建设多元评价体系的"两制三育体系"，推动学生技术技能、技术创新和技术管理水平的不断提升，形成"四元协同、五创并举的'1+X'育训结合"人才培养模式。

高职院校按照政校行企的多跨度合作模式，与开发区多个高新技术企业共同建设产教融合基地，形成统一规划、资源共享、优势互补、合理布局、和谐发展的可持续体系；面向产业转型发展和区域经济社会需求，以强化学生多元素质、专业技能、创新创业能力培养为目标，以提高学生创新创业实践能力为重点，深化产教深度融合，改革人才培养方案，重构课程体系，完善保障机制；"引企入教"，推动启发式、探究式等教学方法与项目式、任务式、合作式、企业实操等教学模式的融合，促进人才培养与产业需求相融合、教学过程与生产过程相对接、课程内容与技术发展相衔接；以"信息技术、'人工智能+'"升级传统专业，强化智能化、数字化企业管理技能和项目实战流程，提高学生实战技能；开展"赛学研培创"现代学徒制人才培养活动，整合多主体创新要素和资源，深化产教融合，推动学分制、"1+X"证书制度、创新创业、现代学徒制人才培养改革。

二、学分制改革

学分制是选课制、导师制和弹性学制相结合的教学管理制度。学分制改革是人才培养机制改革的重要组成部分。学分制能充分发挥学生的主观能动性，激发学生学习兴趣，体现"因材施教"和"以人为本"教育思想，是公认的较好的教学管理制度，目前学分制在我国高校已经得到了广泛运用。追根究源，学分制起源于选课制，18世纪末的美国哈佛大学校长查尔斯·埃里奥提出让学生"学习自由"，即让学生拥有"选择学习的自由，在学业上追求卓越的机会，对自己行为习惯负责的训练"。他试图通过选课制，给予学生学习的自由。选课制一方面通过开设高阶段、跨学科、跨专业的课程供学生选修，实现学生素质能力水平的提升，知识面的拓展，促进学生全面成长；另一方面学生通过自主选课，学会思考和建构自己感兴趣的知识体系和能力素质，提早学会对自己的行为负责，增强自主意识。选课制打破了学年制的边界和束缚，随着选课制的出现，学分制逐渐产生并得到认可和推广。

（一）国外学分制改革概况

美国是最早提出学分制教学管理思想的国家之一，学分制的大力实施，对美国高等教育开放式教育体制和大众化教育机制起到了关键的促进作用。美国的学分制特点主要体现在以下几方面：第一，弹性学制。美国高校学生自主性很强，可根据学位要求自行选择全日制学习和部分制学习，达到学分要求即可顺利毕业。第二，主辅修制或者双主修制。为了满足学生个性化的学习需求，美国部分高校实行了主辅修制或者双主修制，使学生可在学有余力之时跨学科进行课程学习。第三，选择专业自由度高。美国高校学生允许自由选择专业，选择专业范围可在本校也可在校外的其他高校，一般采用学分互认的办法来管理转专业学生。第四，通识教育占有重要位置。美国高校非常重视通识教育，各类专业都有共同的基础课，有些高校的基础课甚至达到50%。第五，学生选课自由度的空间很大，如麻省理工学院，学生自由选课的余地达到80%左右，此外还允许跨系别修习必修课，促进学科间的联系与交叉渗透，既注重学生的基础知识，又不断拓宽学生的知识面，培养学生的兴趣爱好，促进其全面发展。第六，统一课程学分。美国大部分高校统一了课程学时、学分，如美国高校规定，学生须修完120—180学分方可毕业，每学分的课时至少达到16学时/学分。

日本学分制是在美国学分制优点的基础上进行改革，为了确保学生能够学到扎实的基础知识，日本高校普遍实行学年学分制，其学分制系统细致、张弛有度，确保学生能在规定的时间内获得相应知识。具体体现在以下几方面：第一，统一规定了学习年限及学分要求。日本高校对学生的修业年限、学分要求、毕业标准和升级条件等均做了详细要求，学生只有达到规定的学习期限和学分才能拿到毕业文凭。第二，统一规定学分标准。日本高校对学分管理较严格，制定了《大学设置基准》，规定学生的学分要求，并规定了相应的学期和周数，学分的计算标准也统一。第三，注重外语学习。为了实现振兴科技、与世界接轨，适应国际化的社会需求，日本高校对外语的学习尤其注重，一般将英语作为必修的外语学科，另外学生还可以自选一门外语修习。第四，实行"学分互换制"。即多家高校进行合作协定，互相承认对方高校中所修的学分，学生在国内各大高校，甚至是在国外学校进行学习和研究均能得到认可，这一方面使学生在学习实践和空间上都有很大的自主性，另一方面促进了各高校之间的学习交流。这种方式不仅有效提高了学校的教学质量，也让学生吸收了不同层次、不同类型的知识，使学生获得全面提高。

德国引入和推行"欧洲学分积累和转换体系"，将课程模块化，即将某个专业的所有教学内容按照一定的体系和架构分为不同的模块，每个模块的学习时间一般不超过两个学期，而且至少要通过一门考试或取得对应的成绩证明才能得到这一模块的学分。德国推行的 ECTS（全称是"European Credit Transfer and Accumulation System"，指欧洲学分转移和累积系统）体系有助于简化各高校的管理程序，提高学生的流动性。据统计，德国每年有一半以上的大学生就读期间以交换学习、实习、读语言班等形式在国外学习过至少一个学期，ECTS 方便透明的学分转换功能保证了学生在其他学校或其他国家取得的学分都能够得到认可，大大提高了学生参与交流项目的积极性。其次，学分制的实施有助于学生更好地规划和完成学业，帮助学生缩短学习时间，降低中途退学率。由于 ECTS 的计算方法全面考虑了学生取得学分需要花费的时间和精力，使学习从以"教师为中心"转向"以学生为中心"，让学生可以更加合理、有计划地规划自己的学习，缓解了学生对考试的恐惧心理，也改变了由期末考试等大考来决定毕业总成绩的状况，从而提高了学习的整体效率。ECTS 使学生的流动性大大增加，其教学计划、教学过程和教学管理更加灵活，让学生在学习上拥有更多的自主权和选择权，允许学生根据个人需要和社会需求来构建合理的知识结构，对提升德国高等教育的竞争力有着积极的意义。

国外学分制改革的启示：第一，当今社会是竞争的社会，学校要培养出具有社会竞争力的学生，必然要结合社会实际，重视学生的全面发展，促进学生自主学习。学分制的实施充分体现了其因材施教、灵活性强的特点，学生可以根据自己的能力自主选择教师、课程、学习时间和学习进程，优秀的学生可以提前修完学分，参加社会实践，这一过程使学生的自主、竞争和参与意识得到极大的培养，从而推动人才培养质量的提高。第二，学分制的实施同样重视学生基础知识与素质的培养，加强专业知识迁移与转换，达到全面发展的培养目标。第三，学分制的实施在加强基础课程学习的基础上，加大选修课程的种类及比例，给学生足够的自由选择空间，允许学生跨专业进行选修。有条件的学校还实行辅修制，在学生学有余力的情况下实行辅修，发掘学生个性和特长，实现对学校教学资源的充分有效利用。第四，高校之间因独立性较强，校与校之间、学生与学生之间的沟通交流较少，学分制的实施可以促进各高校间的合作与联系，制定出学生在不同高职院校之间的学分"互换""转移""认定"等制度，既有利于学生的交流发展，也有利于学校之间互助发展。第五，学分制实施中要注重终结性评价与过程性评价的结合，学分的取得不仅仅是期末考试的终结性评价，而是平时的表现等过程性评价与终结性评价的结合。学分制是设计更为灵活的考试制度，能提高学生的学习效果。

（二）国内学分制改革状况

我国最早引进学分制思想的是蔡元培先生，他出任北京大学校长时，在各高校中大力提倡以选课制代替学年制，这就是我国早期学分制的雏形。中华人民共和国成立后，高等院校普遍采用学年制代替了学分制，直到 1978 年，教育部提出有条件的学校可以试行学分制，学分制再次登上舞台。进入 21 世纪，学分制越来越受到国家重视。2001 年，教育部办公厅在《关于在职业学校进行学分制试点工作的意见》中强调了职业学校进行学分制试点的必要性，对学分的认定和取得标准进行了明确规定，即一般课程以 16~18 学时为 1 学分，实践课程以 1 周为 1 学分。2004 年《教育部关于在职业学校逐步推进学分制的若干意见》指出，逐步推进学分制，建立与实行学分制相适应的职业教育课程体系，进一步建立和完善学分互认机制。2006 年，国家发展和改革委在《关于进一步加强高等学校学分制改革管理的通知》中对高等学校实行学分制收费的程序报批、收费总额上限和监督检查等内容进行了规定。《国家中长期教育改革和发展规划纲要（2010—2020 年）》明确指出，要注重因材施教，要"关注每一个学生的优势潜能，推出分层教学、走班制、学分制、导师制等教学管理制度改革"。2016 年，教育部在《学分认定和转换工作的意见》中规定："试行各类高等学校（普通本科院校、高职院校与成人高校）之间学分转换，畅通不同类型学历教育、学历教育与非学历教育、校内教育与校外教育之间转换通道，建立具有中国特色的学习成果认定和转换体系。"教育部印发《高等职业教育创新发展行动计划（2015—2018 年）》提出"高职院校要逐步实行学分制，推进与学分制相配套的课程开发和教学管理制度改革，建立以学分为基本单位的学习成果认定积累制度"。2019 年，《国务院关于印发国家职业教育改革实施方案的通知》提出"从 2019 年开始，探索建立职业教育个人学习账号，实现学习成果可追溯、可查询、可转换"。2020 年，教育部职成司在《关于做好职业教育国家学分银行建设相关工作的通知》中指出，"建立符合中国国情的职业教育国家学分银行，结合'1+X'证书制度试点工作，有序开展学历证书和职业技能等级证书所体现的学习成果的认定、积累和转换"。这些文件的出台，为学分制改革提供了政策保障，确保学分制改革有效推进。

国内各高校主动积极探索学分制改革，取得初步改革成效，学分制改革呈现赋予学生更多自主权、实行弹性修业年限、鼓励多途径获得学分、实行学业导师制度、实行学分制收费等特点。但在实际改革过程中由于涉及课程、师资及设施设备等诸多问题，导致改革难度大、推进慢。目前在国内高职院校对学分制仍处于探索和试点阶段，对学分制的开展也没有统一的标准，大多数高校根据本校实际情况，设置不同的选课规定、培养方案、学分计算、毕业条件等，形成了不同的学分制改革模式。有的朝完全学分制方向发展，有的开展学年学分制，有的基于弹性学分制进行改革，有的进行学分置换与互认，有的开展主修辅修，有的实行导师制，等等。学分制的实施需要学校建立深厚强大的资源基础，管理成本及难度增大，同时也对学生素质提出了更高的要求，这些都给学分制的实施带来了困难。

（三）产业学院背景下的学分制改革探索

要培养具有创新创业能力的高质量人才，首先要为学生创造一个宽松自由的学习环境，改革人才培养方案，给予学生更多自主选择课程的机会，充分发挥学生探索新学科、新知识、新科技成果的主观能动性，不断优化自身专业知识结构。学分制体系下自由的学习环境有利于学生发挥个人潜力，促进学生的个性化发展，为学生创新能力的培养奠定基础。在现代产业学院的建设背景下，一些职业院校精准对接经济社会发展需求，建设了"政校行企"四元主体的产业学院，打造"五创并举，突出创新能力的'1+X'育训结合"的人才培养模式，以学生的个性化学习需求和国家对创新人才需求引导学分制综合改革。

学分制改革以制度创新为驱动，以全面提高人才培养创新创业能力为目标，尊重学生的兴趣爱好，促进教师指导能力和学生自主学习能力的提高，通过开展弹性学制，改革人才培养方案，实施导师管理制，进行灵活的转专业、选重修制，开展学分互换，建设大量的校企合作课程，改革教学模式，提供足够的创新创业实践训练，最大限度保障学生的个性化发展，提高人才培养质量。

1.学分制改革的具体举措

（1）实行动态弹性学分制

以建设开发区科学城产业学院为契机，不断开展学分制改革创新探索，与时俱进地实施动态弹性学分制，修订了学分制实施细则，目前采取的最长修业年限为 6 年，为个性化培养奠定了坚实的制度基础。此外，为满足学生创新创业的需求，学院规定学生在校期间可申请休学进行创新创业，在修业年限之内，学生可随时进行创业，也可以随时返回学校进行学习，修够规定的学分即可毕业。

（2）深化人才培养方案改革，夯实学分制基础

学分制改革的核心是给予学生更多自主选择和自由发挥的空间，通过修订人才培养方案，有效解决"难以让学生有充分的时间做自我学习和自我发展"的问题。以产业学院建设为契机，对各学分制试点专业人才培养方案做了相应调整，一方面合理调整选修课学分比例，选修课比例高于所占总学分分数的 20%；另一方面调整实践教学，使实践教学普遍超过总学时的 50%，现代学徒制试点专业实践学时超过 60%。让学生有充分的时间进行自主学习和实现自我发展，鼓励学生把更多的时间用于创新实践，获得创新创业实践学分。

（3）建立导师管理机制，加强学习过程管理

各专业建立导师管理制度，由专任教师组成导师队伍，指导学生完成在校期间的课程学习，规避未知风险，从而提高人才培养质量。同时，导师按学生考勤、课堂作业、日常表现等记录学生学习过程成绩，强化学生自主学习意识，提高学生自主学习能力。建立学业预警机制，由教务处、二级学院、导师组成预警信息小组，加强对学生预警的提醒，提升学生学习质量。

（4）实行开放的转专业及辅选重修制度

充分尊重学生的兴趣和特长，给学生提供更多的自主学习选择权。学生进校一学期后可根据自身情况，按照学校要求提出转专业申请；学校每学期开设"人文与素养""科学与技术""社会与经济""艺术与审美""运动与健康"五大类 100 余门通识教育公共选修课，

供学生进行选修，促进学生个性化成长；鼓励学生开展"1+X"证书试点学习，辅修多个证书课程，置换其他课程；支持学生自主学习，对已修读过的课程，只需随班修读 1/3 的课程，其余采用自学完成，减轻学生学习时间上的压力。

（5）以生为本，建立学分互换认定管理制度

制定了《学分制管理办法》《学分互换认定管理办法》，在全校全面推进学分认定与互换、学分绩点改革，学生通过选修相关课程、开展技能竞赛、社会实践、职业技能证书、"1+X"证书等取得的成绩可以认定转换为相应学分。同时，以高职扩招退役军人班、现代学徒制班为试点，探索并实施了校企课程学分互认、成果学分互认等试点，学生在合作企业中所修的课程，在一定范围内学分可以互换、成绩可以互认。这项制度扩大了学生选课的自主权，有利于培养学生的技术创新能力。

（6）建立个性化校企合作课程

利用产业学院丰富的产教融合基地，各专业开发了大量的校企合作课程，学生根据自己的专业兴趣和专业特长进行个性化的课程选课。部分理论课和实践能力培养类课程可以互认；学生根据自己的意愿，还可以进入校企合作实践基地修读相关课程，获取相应学分，也可以根据自己的学习能力和时间安排，提前修读专业课程。

（7）为学生提供线上线下学习课程

为顺应"互联网+"的时代要求和职业教育发展趋势，在选修课中积极推行使用在线开放课程学习，为学生提供更多的学习形式。校企合作共建一批精品在线开放课程，既考虑学校各类精品课程、全校通识课程、专业基础课程及资源积累丰富的优质课程，也关注到体现学科优势、适合在线教学的课程，并在 MOOC、超星等平台提供线上学生选修；同时，加大对外部优质在线教学资源的引入，积极引入"超星尔雅"公共课平台，包含国家精品在线开放课程等资源，使学生享受优质教学资源，也为教师教学方法的创新提供了示范引领作用。通过课程学习，可以增加学生知识和技能，提高人才培养质量。

（8）设置创新创业实践学分

加快创新创业教育与专业教育的深度融合，努力提升创新创业教育水平。完善创新创业实践学分管理，在培养方案中设置创新创业实践学分，鼓励学生积极开展创新创业实践。学生参加的创新创业大赛、获得专利或软件著作权、发表学术论文、参与教科研项目、参与创新创业训练计划项目等，均能获得相关的创新创业实践学分，并可在一定范围内进行学分互换。该举措极大地调动了学生参与创新创业活动的主动性和积极性，每年学生的省、市、校级创新创业比赛及项目参与率达 90% 以上，培育了更多具有创新意识及创业能力的人才。

2.学分制实施的保障举措

（1）资源保障

学分制的顺利实施必须依靠丰富的教学资源，产业学院建设了大量的产教融合基地、创新工作室和协同创新中心，校企合作试点专业开发了大量的校企合作课程。同时，学校

建设了一批精品在线开放课程与精品资源共享课程资源，引入"超星尔雅"公共课平台，包含国家精品在线开放课程等优质教学资源，为学生选修奠定了坚实的基础。学生可以根据自己的专业兴趣和专业特长进行个性化的课程选课。

（2）管理保障

在教学管理中，对人才培养方案、课程结构进行了重新设计，给学生更多选择和自由发挥的空间，制定和完善《学分制管理办法》《学生转专业管理办法》《学分互换认定管理办法》《重修管理办法》等制度，加强了对学分制实施的管理；对现有的教学管理平台进行升级改造，以适应学分制改革条件下的教学管理、成绩管理和学分互换等；建立学分制教育成本分担机制，促进复合型人才培养。

（3）实践保障

产业学院中企业真实的项目、各级各类创新创业大赛和技能大赛、教科研项目等均为学生的实践参与提供了大量的机会，在培养方案中设置创新创业实践学分，鼓励并组织学生积极开展企业真实项目、创新创业实践、创新创业大赛、技能大赛、发表学术论文、获得专利或软件著作权、参与教科研项目、参与创新创业训练计划项目等，获得的奖励均可进行学分互换，为学生的创新创业实践提供有力的保障。

（4）质量保障

建立产教融合的质量保障体系，注重课程教学资源的建设，重视学生学习效果的反馈，加强对学生学习质量的监控，及时反馈学生的学习状况，鼓励教师设计更为灵活的考试制度。学分的取得不仅仅是期末考试的终结性评价，还是学生平时的表现、技能竞赛、参与实践等过程性评价的反映。

第二节　"1+X"证书试点

2019 年，国务院出台《国家职业教育改革实施方案》，提出在职业院校、应用型本科高校实施"学历证书 + 多种职业技能等级证书"（"1+X"证书）制度，积极鼓励职业院校学生不仅要获得学历证书，还要努力争取多种类职业技能等级证书；同年，教育部、发展和改革委、财政部、市场监管总局联合出台了《关于在院校实施"学历证书 + 若干职业技能等级证书"制度试点方案》，标志着"1+X"证书试点正式实施。2019 年、2020 年，教育部先后公布了 4 批"1+X"证书制度试点院校及职业技能等级证书试点名单，标志着"1+X"证书试点进入了加速实施阶段。

国务院将"1+X"证书制度定位于国家职业教育制度建设中的一项基本制度，是构建中国特色职教发展模式的一项制度创新。它与人力资源部门设置的职业资格或等级证书不同，是教育系统内部对职业教育与培训体系的完善，促进了职业院校推行学历教育与培训并举，促进了人才培养模式和评价改革的深化，也对专业人才培养方案的制订和内涵提出了新要求。"1"指的是学历证书,是学习者完成国家学制系统内规定的学习任务后所获得的学历证;"X"为若干职业技能等级证书。"1+X"证书制度要求学生在获得学历证书的同时,取得多种职业技能等级证书。学历证书和职业技能等级证书不是两个并行的证书体系,而是两种证书的相互衔接和相互融通。职业技能证书是学生职业技能水平的凭证,也是对学生职业技能学习成果的认定。证书既体现岗位(群)能力要求,又反映职业活动和个人职业发展所需要的综合职业能力。"1+X"证书制度实质上是为了改革职业教育与培训体系,完善国家职业资格证书制度,促进校企合作、产教融合的一项举措,鼓励职业院校学生在取得学历证书的同时,积极考取多类职业技能等级证书,从而提高学生的就业竞争力,缓解就业压力。

"1"和"X"衔接互通的意义并不只是证书本身,更重要的是转变人才培养质量评价方法,深化职业教育的教学模式改革;特别是要把"1+X"证书制度和专业建设、课程建设、教师队伍建设紧密结合,促进产教融合、校企合作理念下的人才培养。坚持育训结合、内外结合、长短结合,促进毕业证书与职业技能等级证书的融通,以人才评价模式改革带动职业教育质量提升。要准确把握人才培养关键要素和主要环节,需把"1+X"证书制度落实到深化教师、教材、教法的"三教"改革上,进而改进学习过程的管理与评价。

一、国外职业资格证书制度

在全球产业飞速发展的背景下,职业教育的发展与国家的经济紧密相连。在历史发展进程中,职业教育较发达的德国、英国、澳大利亚、美国等国家逐渐建立了较为完善的国家职业资格证书框架、制度和证书体系,并在国家层面统一认证标准,便于各类(包括学徒制在内)学生的升学及管理。例如,英国建立了职业资格证书制度(National Vocational Qualification,NVQ),按照国家职业标准分为八个等级,学生通过考核即可获得相应的资格证书。澳大利亚建立了学历资格框架(The Australian Qualifications Framework,AQF),融通了普通教育与职业教育,职业教育的学生取得相应的资格证书后可以升入普通大学继续就读,普通教育的学生通过资格框架考试后也可以进入职业教育开展系统学习。职业资格证书制度和资格框架设计,使澳大利亚的学生可以实现教育形式的灵活转换,达到升学目标。美国学生在中学毕业后可进入社区学院学习,社区学院可同时提供普通大学的前两年课程教学和职业技术课程及证书,学生通过学习获得相应学分后,可通过学分互认直接升入承认该学分的本科院校,转换灵活,升学方便。德国强调职业教育学历证书与多类职业技能证书并重,重视立法,制定的《职业教育法》《职业教育条例》《培训条例》《考试条例》与各州制定的《框架教学计划》《培训框架计划》等相互衔接,形成完备丰富的职业资格法律制度体系;强调社会工作的互相协调,从政策拟订到具体施行均有雇主企业、学员和政府的协同参与,使工作过程中的实际能力需求直接体现到教育培训课程和职业资格考核中去,保障教育培训和职业资格证书的紧密联系;严格的质量管理控制体系,德国政府发布 300 多个具体的职业标准，强制规定职业资格证书是走上工作岗位的必备条件之一，获得职业资格证书前必须参加该行业组织的相关培训和考核，切实保障了国家职业资格证书的权威性、科学性及可靠性，从而提高了职业资格证书的社会认可度。

国外职业资格证书制度对我国的启示：

第一，学历教育、专业教育与职业资格证书的衔接是必然趋势，有利于专业教育依据行业准入标准对其课程设置教学方式等进行改革与完善，促进人才培养质量的提高；

第二，职业资格证书与学历教育的衔接须加强顶层设计，在政策上促进政府、行业、企业、高校的合作，提升职业资格证书的社会认可度和含金量，推动职业资格考试的可持续发展；

第三，实行学分互换是在专业领域内实现学历教育与职业资格证书衔接的重要方式，对学生职业资格学习成果予以认可，有效推动学生的积极性，促进职业教育规范化与可持续化发展，提高职业教育质量。

二、国内实施"1+X"证书试点状况及成效

2019 年《国家职业教育改革实施方案》明确提出，职业院校、应用型本科高校启动"学历证书 + 若干职业技能等级证书"的制度试点，鼓励职业院校学生在获得学历证书的同时，积极取得多类职业技能等级证书。

自"1+X"证书试点方案公布以来，教育部发布了 4 批职业技能等级证书，共计 472 个，快速回应了《国家职业教育改革实施方案》的要求。随着人们对"1+X"证书制度认识程度的加深，证书的类型及试点数量也将会越来越多。同时，"1+X"证书制度在受到职业院校和行业企业广泛关注的同时，也出现了如下一些问题：

（一）师生对"1+X"证书认识不准

"1+X"证书一般是指"学历证书 + 若干职业技能等级证书"。大家对学历证书的理解没有异议，均指毕业证书，但对职业技能等级证书的理解却没有清晰而权威的界定。"1+X"证书与已存在多年的职业资格证书，特别是水平评价类的职业资格证书非常相似，难以分辨清楚二者的区别，被误认为是在原来"双证书"教学、考证基础上，再新增若干证书内容的教学和考证，职业技能等级证书与职业资格证书混用、并用现象较为普遍。

（二）社会对"1+X"证书制度认可度不高

一直以来社会对职业院校存在认知误区，总认为职业院校培养的是技术型、技能型人才，"1+X"证书对学生个体发展的重要性不强，"1+X"证书制度能否得到大众认可还有待时间检验，"1+X"证书能否成为学生高品质就业"敲门砖"的前景不够明朗，"1+X"证书制度得不到大众的认可，实施起来较难推进。

（三）院校对实施"1+X"证书制度动力不足

职业院校在教育教学实施中，多数未能意识到"1+X"证书制度的意义价值和路径，实施成效不佳。部分职业院校虽然实施了"1+X"证书制度，但由于校企合作力度不大、"双师型"教师缺乏也影响到"1+X"证书制度在职业院校中的落实。

三、现代产业学院建设中"1+X"证书制度的实践探索

实施"1+X"证书制度，要以校企合作为契合点，推进产教融合、工学结合教育的实施。一些职业院校以产业学院建设为依托，按照政校行企的多跨度合作模式，引入企业进行技术平台支撑，与开发区多个高新技术企业共同开展产教融合改革实践，构建校企合作长效机制，以"1+X"证书制度实施为导向，深化专业群及课程体系建设，推动学院与社会企业实效性合作，为学生等级证书的获取提供广阔的平台；与企业建立良好的合作关系，根据市场发展趋势，校企共建人才培养方案，推进"1+X"证书制度的实施与运用，达到良好的培养成效；深化"三教"改革，提高专业适应经济社会发展需求的能力；结合职业技能标准和教学标准，不断创新教学方式，构建课证融通的课程教学形态；建立与"1+X"证书制度相适应的学分制改革、成效反馈和评价机制；加大宣传力度，普及"1+X"证书制度的重要性，提升社会认识，转变大众看法，推动"1+X"证书制度落实，提升人才培养质量。

（一）深化专业群及课程体系建设，为"1+X"证书制度打好基础

开展"1+X"证书制度试点，首先要建好专业群，专业群的组建不仅是知识逻辑，更是产业逻辑、岗位逻辑，其中的"X"职业技能证书不仅指向知识素养技能，更指向特定产业和职业岗位，只有将知识、产业、岗位有机结合，才能真正与"X"职业技能证书相衔接。"1+X"证书制度试点显示了高职人才培养目标由过去的技术技能型人才向复合型技术人才转变，这就要求其专业群要与产业集群或产业链对接，专业群内的专业要与具体的职业岗位对接，且这一岗位在区域内要隶属于支柱产业、新兴产业或高新技术产业；专业群教学标准与"X"职业技能证书教学标准对接，这里的专业群教学标准并非群内专业教学标准的简单组合，而是根据专业群教学目标，在群内各专业教学标准的基础上结合职业技能证书教学标准后重新制定的教学标准，以确保专业群教学标准与"X"职业技能证书教学标准的有机融合。

打破以专业为单位的课程壁垒，构建以专业群为单位的课程体系。遵循"底层共享、中层分立、高层互选"的构建原则，形成拓展能力进阶式课程架构。"底层课程共享"即将公共基础课程和专业群平台课程纳入底层课程，增加专业群平台课数量；"中层课程分立"即精选专业群内各专业的核心课程，尽可能减少专业核心课程的数量，如将办公自动化、数据库应用等课程纳入底层的平台课中，减少专业核心课程数量；"高层课程互选"即扩大专业群的专业方向拓展课程数量，形成丰富的拓展课程资源供学生选修。根据"1+X"

证书制度试点要求，为每个专业群选择好若干职业技能等级证书，将职业技能标准与专业群内相应课程教学标准紧密融合，利用专业群内的拓展课程资源，将职业技能证书标准与课程内容基本重合，设计为"课证融通"课程，使课程内容与证书教学内容有机衔接，形成专业群"课证融通"系统。

（二）"1+X"证书制度与人才培养方案相融合

专业人才培养方案是教学实施的指导性文件，学校是"1+X"证书制度的实施主体，在制订人才培养方案时，要与企业紧密合作，深入研究职业技能证书标准与专业标准之间的联系，推进"1"和"X"的有机衔接，将证书教学内容及要求有机融入专业人才培养方案，统筹学历证书与职业技能等级证书、职业技能等级标准与专业教学标准、培训内容与专业教学内容、技能考核与课程考试，及时将新技术、新工艺、新规划、新要求融入专业人才培养，将证书内涵融入相关课程和教学环节，使专业人才培养工作主动适应发展新趋势和就业市场新需求，促进毕业证书与技能等级证书对接、融合，实现产教融合理念下的人才培养。

（三）"1+X"证书制度与"三教"改革相融合

深化"三教"改革，提高专业适应经济社会发展需求的能力，将"1+X"证书制度的实施与课程、教材建设相融合，及时将企业新技术、新工艺、新规划、新要求融入课程改革，以企业为中心，参考企业的生产流程、标准、工艺等，实现教学内容的创新，将产业发展的实践案例融入教材，实现教学内容的延伸与拓展，让学生能够学习、了解企业的发展实际，为专业技能等级证书的获取提供学习保障。根据岗位工作要求，推进岗位知识内容与专业知识内容融合，采取有效的教学方法，将岗位重要知识内容传递给学生，提升学生的学习积极性，促进学生对教材及岗位知识内容的认知与掌握，推动课程及教材建设适应发展新趋势和就业市场新需求。建立与"1+X"证书制度相适应的专业教学团队、提升教师开展职业技能等级证书培训的能力。编制"1+X"证书制度下的专业教学标准，将职业技能等级标准、教材和学习资源开发、考核发证交由第三方机构实施，有利于客观评价专业人才培养质量。

（四）构建课证融通的课程教学形态

"1+X"证书制度试点关键还是要落实到教学中，由于"X"证书制度是一种标准体系，不同于日常的知识技能体系，如果采用传统的密集训练、刷题等方式帮助学生快速熟悉考试内容进而通过考试，就会背离"1+X"证书制度试点的初衷。"1+X"证书制度试点应在既有教学内容的基础上，将"X"职业技能标准和教学标准相结合，不断创新教学模式，实现课证融通的教学形态。如将"X"职业技能证书教学与现代学徒制试点专业的教学改革相结合，进一步强化工作过程导向，以企业真实项目作为"X"职业技能证书教学的有效载体，将"X"职业技能证书的教学要求与企业的真实项目相融合，优化"双师"（学校教师与企业师傅）教学，实现"双师"共教共训模式，促进理实一体有机融合。将"X"

职业技能证书的职业技能等级标准与教学标准融入课程教学中，融入教学改革过程中，促进教学质量的提高。

（五）建立与"1+X"证书制度相适应的学分制改革制度

"1+X"证书制度试点推动学校教育管理模式的变革，推进模块化教学学分制、弹性学制等教学管理制度的改革，促进学分互换的建设，实现学习成果的可追溯、可查询、可转换，规范有序开展学历证书和职业技能等级证书学习成果的认定、积累和转换，为技术技能人才持续成长拓宽通道。积极鼓励学生取得若干职业技能等级证书，支持其根据自身兴趣爱好，辅修其他职业技能等级证书，并根据证书等级和类别兑换部分课程学分，完成相应学分即可取得学历证书。落实职业技能等级证书按一定规则折算为学历教育相应学分，在培养方案中提供更多灵活性的安排，也让学生结合自身情况有更多的学习选择权。学分制改革有效调动了学生学习及报考职业等级证书的积极性，推进了"1+X"证书制度的有效实施。

（六）建立与"1+X"证书制度相适应的成效反馈与评价机制

建立"1+X"证书试点过程性的数据收集、分析、反馈机制。围绕教师与学生两个方面，从教材、教学实施、学习动力、学习状态、学习成效等方面收集数据，导入相应的分析软件进行比较，实现对"1+X"证书制度的不断优化，建立纵向对比、持续追踪和横向对照、全面评估的机制。首先，建立学生档案，分析比较每个学生的纵向学习曲线变化，追踪每个学生的就业情况、职业生涯发展情况，并进行对比，判断 X 职业技能证书对学生发展的影响；其次，通过开展问卷调查、访谈等，客观评价学生因"1+X"证书制度试点而产生的变化。

第三节 创新创业

党的十八大以来，党和国家高度重视高校创新创业工作，国务院先后颁发《关于大力推进大众创业、万众创新若干政策措施的意见》《关于深化高等学校创新创业教育改革的实施意见》《关于建设大众创业万众创新示范基地的实施意见》等一系列文件。全社会掀起"双创"热潮，"双创"理念正日益深入人心。业界学界纷纷响应，各种新产业新模式、新业态不断涌现，有效激发了社会活力，释放了巨大的创造力。近年来，各高职院校的"双创"教育取得了积极进展，各高校成立创新创业学院（中心）、搭建创新创业平台、开设创新创业课程、孵化创新创业项目、弘扬创新创业文化、开展创新创业大赛，积极创建独特的大学生创新创业教育体系，培养学生的创新创业意识和实践能力，促进学生全面发展。

一、国内外创新创业状况

（一）国外创新创业状况

1. 美国斯坦福大学"硅谷"模式

斯坦福大学走创业型大学之路的成功实践已经成为国外大学转向创业型大学的典范。自 20 世纪 30 年代以来，斯坦福大学积极与企业开展合作寻求研究资助，1951 年，斯坦福大学工业园区建成（Stanford Research Park，又称为斯坦福研究园，后成为硅谷的发源地），标志着斯坦福大学迈上创业型大学的发展之路。随着斯坦福研究园的成立，斯坦福大学与工业企业的联系日益紧密，斯坦福大学研究园的创建进一步促进了斯坦福大学创业教育的发展。1970 年，其设立的技术许可办公室实现了学术研究成果的商业化推广，成为全美高校的技术转移典范。20 世纪 90 年代，斯坦福大学与硅谷合作，培养了众多高科技产品的领导者和创业人才，创造了"硅谷奇迹"，在短短的 20 年内迅速成为美国十佳大学之一。斯坦福大学创业型大学发展的主要特色是围绕创业型人才培养目标，形成了以创业课程、技术转移和创业网络为核心的创业保障体系。

2. 德国慕尼黑工业大学"'管理+'培养计划"模式

德国慕尼黑工业大学被公认是研究型大学向创业型大学转型的成功典范，并发展成为欧洲标杆性的创业型大学。德国慕尼黑工业大学创业中心"管理+"培养计划是其创新创业教育生态体系的重要组成部分，它将行动学习和实践教育贯穿全程，将职业教育与创业教育有机融合，注重发挥创业教练和实践导师的指导作用，充分挖掘学生的自我教育潜能，突出精英教育和精准培育，在实践中产生了很好的效果。德国政府非常重视大学生创新创业生态环境建设，从立法的高度推进大学生创新创业生态环境建设。例如，德国各级政府和各类部门均设有负责为大学生创业提供项目咨询、创业培训、新技术项目建设等服务和为中小企业提供企业注册、生存保护等事务管理的专门机构，学校主要从教育角度全面加强和构建学校内外的创新创业生态环境建设。企业应增强对大学生培养的社会责任感，积极参与大学生的"双元制"培养。大学生个体应积极融入国内的创新创业生态环境，不断调整自我的创新创业发展策略。

3. 英国华威大学"产教融合机制模型"模式

英国华威大学是全球百强名校、英国顶尖研究型与创业型大学，也是英国首批将商业运作模式引入高等教育的大学之一。华威大学制造工程学院已经是欧洲最大规模的制造工程教学、科研、工业发展及顾问中心，是英国最著名的科技与创新中心，是世界水平的科研领导机构之一。华威大学将产教融合作为关键驱动因素，从而构建"产教融合意识培育""产教融合实践探索""产教融合能力提升"和"产教融合环境营造"的高校产教融合机制模型。华威大学制造工程学院始终立足于市场需求、与行业企业紧密结合，并获得了政府部门的支持，将所有资源整合起来，确保项目最终的成功。华威大学制造工程学院目前被认为是全世界数一数二的大学与产业紧密结合的工程制造中心，与劳斯莱斯、宝马及路虎等很多知名企业有着良好的合作关系，被欧美一些媒体报道评价为教育与产业结合的楷模。

4. 韩国

韩国政府极力倡导"技术革新""科学立国""BK21 工程"战略的实施，韩国高校创业教育的发展正是基于此，至今已形成较为完善的体系结构。韩国创业教育理念基于民族活力的认知视角，韩国政府将创业教育作为重要的国家战略来认识和执行，认为创业教育能够培养大学生勇于创新的精神。韩国政府号召各高校建立"创业支援中心"，对大学生优秀创业项目给予一定的经费支持。韩国大学生选择自主创业的比例高达 50% 以上，而且韩国大学生创业成功率之高，在世界上也位居前列。韩国青年希望自己创业的比例远高于其他国家，这绝不仅仅是创业政策吸引的结果，其根本原因来自韩国创业教育对于国民创新精神的深刻影响。

（1）系统的课程内容

韩国的高等教育深受美国影响，大学生创业教育也是如此。韩国创业教育课程的重点围绕创业过程来安排，主要包括战略与商业机会、创业者、资源与商业计划、创业企业融资和快速成长 5 部分。各门课程均注重鼓励学生以全球市场竞争力为着眼点掌握创业知识与技能，学习分析和完善各种商业计划，使学生能够以更宽广的视角判断创业项目的可行性和发展路径。

（2）灵活的教学形式

韩国高校创新教育教学形式较为弹性化、个性化。除了通过正式课程即第一课堂培养学生的创业精神和创新技能外，非正式课程即第二课堂也发挥了很大作用，对大学生的影响广泛而深远。第二课堂主要通过商业计划大赛、个案研讨、报告讲座、市场调查、企业参访、实际体验等形式来实现，这些形式更为注重学生的感性体验。可以看出，韩国高校创业教育注重实践，能有效地开发和利用全社会资源。其创业教育体系中不仅包括创业课程的普遍开设，还包括学校与社会建立的广泛的外部联系网络，形成了学校、企业良性交互式发展的创业教育生态系统。

（3）国际化的师资队伍

韩国的创业教育课程主要由本校教师、企业资深人士和来自不同国家的访问学者三个群体共同承担。本校教师主要负责讲授创业理论课程，但要求教师具有在企业工作的经历。国内既有创业经验又有学术背景的资深人士兼任创业教育教学与研究工作。国外学者结合本国的商业实践和创业活动能够帮助高校学生开阔视野，使其在掌握创业理论的基础上了解不同国家的创业实践。多样化的师资力量既丰富了韩国高校创业教育的内容和形式，也确保了创业教育具有针对性和实效性。

（二）国内创新创业状况

1.清华大学"三位一体、三创融合、开放共享"的创新创业教育模式

清华大学创新创业教育是我国研究型大学创新创业教育典型模式的代表之一，其"三位一体、三创融合、开放共享"的创新创业教育模式构建了完整的高校创新创业人才生态培养系统，是以提升学生综合素质为目标的教育。它利用现有的资源与条件，重视实践性教学，将创新创业教育与专业教育相融合，建立跨院（系）、跨学科、跨专业多学科交叉的创新创业教育模式。清华大学将知识传授、能力培养和价值塑造相结合，打造创业者所需要的创新精神、团队精神、社会责任等价值观，形成了"三位一体"的人才培养思路。清华大学通过对创新创业教育平台和创新创业教育实践活动的全面设计，构建了全方位的创新创业教育生态系统，并且通过院（系）共建联合企业、投资机构、战略合作伙伴等形式，面向全校学生、校友与教师成立了横向联合机构"x-lab"三创教育平台，2015年建成了全球最大的校园创客空间——"i.Center"清华创客空间。"i.Center"是服务于创新创业教育的跨学科创客实践平台，是集知识、能力、素质和创新实践为一体的工程训练平台，为学生提供项目指导、技术支持、政策咨询和资金等资源，又将学习训练的成果输出，转化为真实的创业项目，从而提高学生创业收益，提升创业信心。

2.华南师范大学"分层次""一体化"模式

华南师范大学夯实"四个平台"，融入专业教育打造创新创业教育"升级版"。学校面向全体学生构建"分层次""一体化"的创新创业教育体系，将创新创业教育融入人才培养全过程；探索建立"为学生植入创业基因，服务经济转型升级"的创新创业教育理论和方法，重点夯实"创新平台、创业平台、教学平台和科研平台"四个平台建设，形成"创新学科化、创业整合化、政策系统化、服务社会化、价值市场化"创新创业教育生态系统，实现课程体系本地化、实践平台多样化、师资队伍专业化、人才培养个性化、价值体系社会化、学科发展国际化的"六个化"，实现创新创业教育与专业教育有机融合，走出一条行之有效且独具特色的"双师模式"创新创业教育发展之路。

3.高职院校"青年创新创业人才培养计划"模式

广东轻工职业技术学院依托突出专业以及产学研优势，打造"创新创业人才培养和项目培育、科技成果孵化和转化、社会资源集聚和对接"三位一体的校级创新创业实践基地，建成大学生创新教育与创业训练中心。广东轻工职业技术学院与政府部门、社会组织和校友加强联系，为学生创业项目提供全方位孵化服务，帮助他们健康成长；利用行业协会资源，为实践平台提供技术支持，实现学生创业项目与政府资源的无缝对接，为实践平台提供师资保障和资金，为大学生创新创业提供全方位服务。

二、现代产业学院背景下创新创业育人模式实践

有的高职院校按照"将产业学院建在产业园区，将专业建在产业链上"的建设理念，

积极融入开发区产业园区，开展产业学院建设。校企共同创建了"教学与生产相协同、学生与员工相统一、基地与车间相一致、教师与工程师相补充、技术与创新相融合"的实践平台，以政府创新创业政策为引领，以产教融合为契机，以行业企业为依托，以现代产业学院为载体，将创新创业素养教育与专业教育相融合，通过"政校行企"多方联动，聚集创新创业人才的各种要素与资源，协同共建校内外创客空间、创业空间、众创空间等大学生创新创业实践场所，着力打造产教融合的大学生创新创业平台，大学生创业公司以企业项目合作、专家指导、接收学生顶岗实习等方式反哺高职院校创新创业人才培养，形成良好的可持续发展的创新创业人才培养体系。加快推进创新创业孵化基地建设，探索与构建"校、企、孵"三融合、"实践、竞赛、孵化、创业"四贯通的创新创业与就业教育模式，不断促进人才培养质量的提升。

（一）构建创新创业人才培养生态体系

以现代产业学院为载体，明确"政校行企"多元协同在高职创新创业人才培养中的作用，政府是高职创新创业教育的推动者和引导者，高职院校是高职创新创业教育的主要承担者，行业是创新创业教育的重要实践平台，企业是创新创业活动的重要参与者，充分发挥政府、高校、行业、企业的各自优势，多元协同，聚集资源，形成合力，全力助推高职创新创业人才培养，为推动创新创业教育教学改革提供支撑，构建以现代产业学院为载体的创新创业人才培养生态体系。

1. 素质培养系统

由创新工作室、模拟公司、学生社团等组成大学生创新创业素质培养系统，通过组建创新创业师生工作室、模拟公司、学生创新创业社团等形式，对一、二年级的大学生进行创新精神、创业意识的培养，从而提高学生创新创业素质与综合素养。

2. 能力提升系统

由创客空间、研究所、工程中心、创业公司等组成大学生创新创业能力提升系统，通过考核、评定、竞赛等形式选拔具有发展前景的学生及项目进入创新创业基地，进行创新创业实战培训，通过项目实战、创业实践、模拟公司等活动的开展，促进大学生创新创业能力的提升。

3. 创新创业成果培育系统

由政府主导，校企共建众创空间、孵化器和加速器等大学生创新创业成果培育系统，依托政府政策支持与资金资助，利用创新创业成果培育系统，把具有发展前景的大学生团队与项目推向市场进行运作，促进大学生团队加速成长，培养一批真正能经得起市场考验的大学生创业企业。

4. 回馈反哺系统

由创业成功的校友企业组成回馈反哺系统，孵化与培育一批成功的具有影响力的大学生企业；大学生创业成功后，通过企业项目合作、专家指导、接收学生顶岗实习等方式反哺学校创新创业人才培养工作，从而形成一个通过校友的成功创业进一步反哺创新创业人才培养的体系，使创新创业教育工作与高职人才培养有机结合。

（二）深化创新创业人才培养模式改革

依托创新创业人才培养生态体系，构建"三融合、四贯通"的双创人才培养模式，深化学校、企业、孵化基地的三融合，聚集创新创业人才培养所需的师资、场地、项目、市场、资金、服务等各种要素，促进实践、竞赛、孵化、创业教学环节的四贯通。通过"学校、企业、孵化器"三融合，将企业项目融入教学内容、实训项目，将企业成为认知实习、生产性实习、顶岗实习的重要基地，学生在感知、认知、熟知产品的同时，学习知识、学习技术与技能。以竞赛为抓手，激发创新创业热情，形成创新创业成果。通过企业对师生的双创成果进行检验与转化，对双创项目进行孵化，成立初创公司，通过初创公司提供就业岗位，带动就业，提供实践岗位、反哺教学，形成"实践、竞赛、孵化、创业"四贯通的双创人才培养模式。

1. 聚合创新创业要素，实现实践、竞赛、孵化、创业四贯通

通过"学校、企业、孵化器"三融合，发挥各自的优势，聚合师资、场地、项目、市场、资金、服务等全方位双创要素，营造良好的创新创业生态环境，打通学生"双创"实践、"双创"竞赛、技术创新与研发、"双创"成果转化与孵化创业就业之间的壁垒，使学生初创公司为学校提供实践机会与实习岗位，反哺教学，促使四贯通，促进双创高素质技术技能人才培养质量的提高。

2. 契合企业新技术的发展，促进实训与双创实践融合

充分发挥企业在技术上的引领作用，将认知实习、课程实训、生产性实习与创新感知、创业认知、创新创业实践相对接。在实训环节融入企业真实项目，植入创新创业要素，以启发式、设计式、策划式进行实训教学，对实训中优秀的项目进行深入研发，实现从实训到双创再到研发的贯通。开设校企合作开发课程，包括课程实践环节开发、指导学生实践、教学大纲和教学计划联合编写等，结合企业的生产过程、岗位标准，将专业实践与双创实践进行系统性的设计，在实践教学中融入企业真实项目，植入创新创业要素，以启发式、设计式、策划式、项目开发进行实训教学。在实训课程中激发学生创新思维与创业训练，对实训中优秀的创新与创意项目进行收集并进一步深入研发，针对优秀创业计划进行模拟实施，将专业实训与"双创"实践相融合，实现从实训到双创实践再到研发的贯通。

3. 聚集生产、市场、营销、渠道等新产品开发要素，促进师生技术创新成果转化

以企业产品创新为引擎，依托企业的生产、市场、营销、渠道等优势，解决师生科技成果的转化问题。学校师生技术创新、发明专利、创业方案与策划方面具有优势，但众多"双创"成果仍停留在研究开发阶段，无法落地，导致成果的废弃与浪费。而在三融合的环境下，依据企业的需要进行产品研发与技术创新，有目的、有方向、针对性强，企业将成为"双创"成果转化的推进器，促使"双创"成果有效转化。

（三）现代产业学院建设背景下创新创业育人模式改革实践举措

1. 深化产教融合，加快推进校企合作

在创新创业教育改革中，围绕学生创新创业素养与能力的培养，实施"实践、培训、竞赛、孵化、服务"五位一体的创新创业孵化基地建设，为双创团队提供技术支持、所需资金、场地、政策与法律咨询、工商与税务等服务，以及提供专业导师团队，开展一对一帮扶，提供精准服务，促使双创项目孵化成初创公司，实现可持续发展。

2. 建设"普识化、专业化、精英化"三进阶的创新创业教育课程体系，推进创新创业课程建设

将创新创业教育与职业能力培养融入人才培养全过程，以培养学生创新精神、创业意识为宗旨，建设"知识化、专业化、精英化"三进阶的创新创业教育课程体系。

一是面向全体新生开设创新创业导论课程，将"思政教育、专业教育、双创教育、素养教育"四融合，通过精选课程内容，做好"创新与创业导论"课程的网络资源建设工作，完善了课程标准、课程大纲、教学课件，制作教学视频百余个，借助信息技术教学手段，灵活多样地编排微视频、互动教学、在线测试等教学环节，激发学生兴趣，编写具有时代精神的创新创业教育教材。二是将创新创业教育与专业教育融合，以培养具有创新精神与创业素养的技术技能人才为目标，深化课程体系改革，结合专业构建融合的课程体系，建设专业化创新创业特色课程。三是开展精英培养，将有意愿创业的学生，有针对性地进行创业能力培训与训练，使学生在培训学习中深刻体会到创业必须面临的问题，通过创业计划书的撰写，使学生理解创业过程的关键环节与创业的关键要素。

3. 开展具有"趣味性、互动性、灵活性"的丰富多彩的创新创业活动

大力开展创新创业特色活动，举办诸如创业实践嘉年华——模拟市场、云梦优创会展创业活动、设计思维训练营、微创业训练营、"燃动青春，创意无限"校园创新创业文化节等特色活动，举办以"创新创业孵化基地入驻团队经验交流会""校园创客嘉年华""创新创业项目路演""创新创业就业政策宣传""创新创业成果交流会"等为内容的大学生双创活动周，辐射影响全校师生。

4. 积极实施创新创业学分制改革，激发创新创业热情

制定创新创业学分管理办法，学生在校期间参加创新创业实践活动所取得的成效或成果，认定后可获得相应学分。学生参加由政府部门或其委托的行业权威机构组织的创新创业竞赛，以及校内组织的各类创新创业竞赛；学生参加校园创业（非注册）、网上创业实践、SYB创业培训并获得证书、入驻学校科创谷或创新创业孵化基地；学生主持或参与学校及省市级以上的大学生创新创业训练计划项目、攀登计划项目、科研课题等；学生获得知识产权；学生校内外创业（已注册公司）等均可置换为相应学分，这就极大地提高了学生参与创新创业实践活动的积极性。

三、现代产业学院背景下创新创业育人模式改革成效

（一）提升了社会服务能力

联合企业、高校，多元打造"产、学、研、创"一体化工程中心，协同高校和企业，发挥学校师资优势，通过企业将研发成果转化为产品，实现科技成果的应用与转化。

（二）提升了创新创业孵化能力

通过制度建设、项目孵化、开展创新创业实践与特色活动，激发师生的创新精神与创业热情。每年举办创新创业竞赛，选拔优秀的创新项目与团队，在创新创业基地进行培育与孵化，实现创业带动就业。

（三）提升了教师的技术创新能力

基于产教融合，引入企业真实项目进行产品研发和技术创新。根据企业的需要进行人才培养、项目（产品）研发和技术创新，有效促进教师创新创业成果转化为实际生产力和技术创新的能力。

第四节　现代学徒制

"现代学徒制"是教育部提出的一项旨在深化产教融合、校企合作，完善校企合作育人机制，创新技术技能人才培养模式的重要举措，是在校企深度合作的前提下，以学生技能培养为目标，以学校和企业"双主体"、以教师和企业师傅"双导师"、以企业和学校"双基地"育人为核心的人才培养模式改革。现代学徒制将传统师父带徒弟的培训模式与现代高职教育相结合，将教育、培训和就业融为一体，实现行业、企业参与职业教育人才培养全过程，推动专业设置与产业需求对接、课程内容与职业标准对接、教学过程与生产过程对接、毕业证书与职业资格证书对接、职业教育与终身学习对接，提高人才培养质量和针对性。

现代学徒制是西方国家职业教育的主要模式，较具代表性的有德国双元制学徒制模式、美国注册学徒制模式、英国"三明治"学徒制模式、澳大利亚新学徒制模式等，他们采用工学结合的形式来实现全过程的人才培养，在合作机制、培训标准、师资队伍培养、教学资源建设等方面取得了长足的进展，具有很强的规范性和科学性。

一、国外现代学徒制发展状况

（一）德国双元制学徒制模式

"双元制"是德国学徒制的表现形态，堪称现代学徒制及职业教育的典范。其特点主

要体现在以下方面：第一，政府立法支持、协会主导、企业高度参与。政府制定了《联邦职业教育法》《职业教育条例》等与职业教育有关的法律，从法律上明确了职业教育的重要地位和作用。同时协会不仅仅要确认职业培训的场所和职业培训的人员资格、审查培训合同，对培训的活动还要进行监督，并对结业考试负责。第二，注重实践环节。双元制教育十分重视动手实践，每5天的学习时间中，学员有3~4天时间在企业实习。学生通过企业的实践锻炼，实践能力得到了提高，也提高了学生的人际交往能力、团队合作能力。第三，建设高素质的师资队伍。德国职业教师的学历为本科以上，且需经过2年的实习，实习期间他们还需要通过教育学和心理学的理论考试，取得教师职业资格证书，才能申请签约。第四，完善的考核评价体系。学生在培训期间一共需要参加两次考试：一是阶段考，一般安排在培训期中；二是结业考，安排在学习结束时，考试侧重实践考核。

（二）美国注册学徒制模式

美国的注册学徒制建立了企业雇主（联盟）主导职业培训和社区学院，如跨国合作相互协作的主导理论教学体系。围绕为什么进行合作、如何进行合作以及如何实现合作等方面，逐步形成了"市场主导，政府驱动"的利益驱动机制、"统筹兼顾、联盟平台"的协调沟通机制、"多方协同、标准引领"的课程开发机制、"证书规范、行业认证"的质量保障四个维度的运行机制。

在优化顶层设计、充分发挥行业企业主体作用、完善组织机构、构建专司统筹的多元治理格局、加强制度建设、推动学徒制规范化科学化发展等方面均有较丰富的经验。

（三）英国"三明治"学徒制模式

20世纪初，英国学徒制开始尝试一种校企合作"理论—实践—理论"或"实践—理论—实践"结合的"三明治"学徒制培训及课程设置模式。英国学徒制与国家一般职业资格证书相衔接，实现了与普通教育的衔接。同时，参与现代学徒制的学徒需要完成技术证书和核心技能的考核，就此形成由技术证书课程、关键技能课程和国家职业资格课程（NVQ）共同构成的三维立体课程体系。院校开设关键技能课程和技术证书课程，一般以考试形式进行考核；国家职业资格技能为程序性知识，重点培养学徒工作场所的特定能力，对学徒的评估提供了证明能力水平的材料，并定期检查工作场所评估员的反馈。英国"三明治"学徒制的优势主要体现在三个方面：其一，校企深度融合，学徒享有工资收入，能充分调动学生的学习积极性。其二，企业认可度高，学徒拥有更好的工作机会。学徒制为学徒知识和技能的提高提供了保障，得到企业充分认可，实现人才培养质量与企业需求的高度契合，学徒职场上升空间更大。其三，社会认可度高，有良好的工作待遇保证。受到国家的政策保护和财政支持的学徒制，与其他行业相比，具有良好的工作待遇，学徒还可以享受免费学习的机会及带薪休假。

（四）澳大利亚新学徒制模式

澳大利亚联邦政府1998年就已经引入了新学徒制，新学徒制将学徒、培训机构和用人单位联系起来，形成结构合理的培训课程体系，具有层次化、一体化的特点。新学徒制在澳大利亚职业培训法中得到了保障。在澳大利亚，只要是年满 15 岁澳大利亚公民都可以申请参加新学徒制培训（包括岗前培训与在职培训）。新学徒制的实施体现如下特点：第一，学徒和雇主到国家注册的新学徒制中心签署培训协议，然后到注册培训机构进行面试，注册培训机构主要由澳大利亚各州和地区内的技术与继续教育（Technical and Further Education, 简称 TAFE）学院承担，学徒、雇主和培训机构三方商讨后共同签署一个培训计划，计划明确三方的权利和义务、培训的目标，以及培训的项目；第二，参与新学徒制培养的培训机构（TAFE 学院）可得到政府的教育经费，承担知识传授和部分技能培训，企业培训是学徒制的主要组成部分，雇主必须在整个培训过程中为学徒提供学习机会，并据此支付工资，同时政府向学徒的雇主提供补贴；第三，学徒可以根据自己的情况，与雇主协商选择不同培训的时间、地点、培训方式、培训老师及学习的技术技能。

二、国内现代学徒制发展现状

2014 年，我国在《国务院关于加快发展现代职业教育的决定》中明确提出"开展校企联合招生、联合培养的现代学徒制试点"的意见，教育部颁布的《关于开展现代学徒制试点工作的意见》标志着我国现代学徒制进入新的发展时期。之后，人力资源和社会保障部、财政部联合印发《关于开展企业新型学徒制试点工作的通知》，国务院印发《国家职业教育改革实施方案》，教育部办公厅印发《关于全面推进现代学徒制工作的通知》等文件提出了"借鉴他国模式，总结现代学徒制和企业新型学徒制试点经验，全面推广现代学徒制"的任务要求，现代学徒制工作全面推开。截至 2018 年，国家试点了 3 批共 562 家现代学徒制单位。我国的现代学徒制尽管起步晚，但发展却很快，目前全国共有 1000 多个现代学徒制专业点，共培养了 9 万余名学生。

全国各地现代学徒制试点单位积极探索，涌现出了一批典型案例，取得了丰富的经验。以广东省为例，2015 年广东省教育厅在全国率先成立由来自职业院校、行业企业、教育研究机构等专家组成的广东省现代学徒制工作指导委员会（以下简称"学徒制工作指委会"），加快推进了广东特色现代学徒制的发展，为全省高职院校现代学徒制试点工作提供培训、指导、监督以及管理与咨询服务。2016 年，广东省出台《关于大力开展职业教育现代学徒制试点工作的实施意见》，进一步明确了试点的要求。随后，广东省不断加大对现代学徒制试点的资金支持力度，每年省级财政资金投入达上千万元，部分试点地市也对参与的企业给予补贴，如中山市对每个试点专业补助 30 万元，并按每培养 1 名学生给予2000 元标准补助等。现代学徒制探索与实践，为广东省深化职业教育改革开辟了一条新路，促进了校企合作与产教融合的深度，受到政府和教育、产业界的普遍关注。目前，广东省已有 54 所高校 194 个专业点开展了现代学徒制，超过 200 家企业参与育人，受益学生（学徒）超过万人，校企精准对接，实现了精准育人。尽管如此，我国现代学徒制仍存在以下问题：

（一）缺乏校企合作共赢的长效机制

虽然国家出台了大量的文件支撑，但从目前试点情况来看，由于企业资源不够、校企合作深入不足、学生培养质量满足不了企业需求等原因，现代学徒制教育主体仍是学校，企业的参与度不高文件的实施、企业的奖励等未能得到真正解决，因此试点中仍出现学校热情高涨、企业冷淡迎合的尴尬局面，这也导致在现代学徒制培养中，企业无法尽其义务。如何形成校企双方共赢的长效机制，是我国现代学徒制实施过程中必须面对的首要问题。

（二）缺乏统一的现代学徒制标准

在德、美、英、澳等现代学徒制发展较早的国家，政府牵头制定了一套相应的标准，用于规范和指导现代学徒制人才培养。而我国虽然积极进行了现代学徒制的探索，但对人才培养的规格和标准、各试点专业教学标准、课程标准等未进行统一，难以保证人才培养的规范性，人才培养质量难以得到行业企业的认可。

（三）缺乏完善的校企师资评聘机制

现代学徒制的教学团队是由学校教师和企业技术能手组成的"双导师"团队，共同承担相应课程的教学任务。但就目前试点情况来看，普遍存在学校教师缺乏实践能力，技术能手缺乏教学能力的现象。特别是在教学团队组建初期，校企双方导师缺乏有效沟通，在教学环节往往出现割裂、脱节等问题，不能很好地满足现代学徒制的教学要求。另外，由于企业对学徒师傅的激励机制尚未完善、晋升标准缺失，企业导师对教学的热情不高、积极性下降。

（四）缺乏真实的教学生产场所及资源

现代学徒制的培养，要以企业生产一线紧密结合，以岗位典型工作任务和职业能力培养为目标，因此，教学场所往往选择与企业生产场景一致的实训场所，课程资源与岗位工作任务相对应。但在试点过程中，由于受企业资源、保密条件等限制，教学场所中的实训设备落后于企业的生产设备，开发的课程资源不能与企业生产实际相一致。

三、现代产业学院背景下现代学徒制探索

高职院校构建以学分制、现代学徒制"两制"为核心，以强化学生素质、创新创业、专业技能培养"三育"为目标，建设多元评价体系的"两制三育一体系"，形成"四元协同、五创并举的'1+X'育训结合"的现代学徒制人才培养模式，助力产教融合产业院校升级和创新发展。

（一）现代产业学院背景下现代学徒制试点的特点

1. 推进"政校行企"四方联动协同培养

加大现代学徒制的宣传力度，通过正面引导，扩大现代学徒制的影响力。协助企业获

得政府财政补贴和税收减免等方面的优惠，让企业在现代学徒制培养中获得实惠，建立产业学院理事会机制，明确各方责任与义务，消除企业参与的后顾之忧，提高行业、企业参与的积极性。

2. 校企结合、育训结合

为实现高职教育产教融合精准育人的目标，创建教学与生产相协同、学生与员工相统一、基地与车间相一致、教师与工程师相补充的实践平台，为现代学徒制人才培养改革奠定了坚实的基础。在产业学院建设中，强化"双身份、双导师、双场地、学分改革、育训结合"培养，形成了"四元协同、五创并举的'1+X'育训结合"的现代学徒制培养模式，以项目为驱动，以成果为导向，工学交替，校企分5个阶段开展联合培养（基础知识储备阶段—项目分解阶段—项目操练阶段—项目交付阶段—孵化创新研发及创业阶段）。第一、二阶段通过学校学习，掌握岗位需求的理论知识；第三、四、五阶段在企业真实场景下实施项目，让学生身临其境，掌握项目策划、跟踪监测等判断性思考和解决问题的能力，具备创造与革新精神、创业规划与设计的能力。校企结合、育训结合，逐步提升学生技术技能水平及创新创业能力。

3. 完善现代学徒制技能标准，推进"1+X"证书制度

构建现代学徒制技能标准应遵循现代教育理念，体现教育与行业、学校与企业、专业与职业、教学过程与生产过程有机对接的产教联动。依托产业学院中的行业企业，校行企协同构建学徒制框架，制定专业教学标准，用于界定教学内容、规范课程体系、指导专业建设、开展课程评价等，实现现代学徒制人才培养的标准化和规范化。构建过程中，基于专业定位，利用大数据技术对网络上的海量招聘数据进行挖掘、清洗及分析，并结合传统问卷调查及实地走访，掌握最新的岗位人才需求及特征；采取"二维四步五解"职业能力分析方法，对合作企业培养目标岗位进行工作项目、工作任务、职业能力的逐步分解。最后，以职业生涯发展为导向明确专业定位，以典型工作任务为线索确定课程设置，以职业能力为依据组织课程内容，以工作任务为载体设计教学活动，确定人才培养方案；在专业核心课程中融入国际标准，使教学要求和专业认证与国际标准接轨，同时，与企业合作开展"1+X"证书试点，将行业技术标准和职业资格标准的要求纳入专业教学考核中，规范对学生职业能力的要求。

4. 建立企业主导的课程改革，开发先进教学资源

各试点专业建立以企业为主导的现代学徒制课程改革，强调在过程中，以任务为对象，校企共商共管开课计划与教学内容，规范教学过程管理，以实现对学生能力的培养。教学项目的设计真实复现日常岗位研发过程，学生在师傅（教师）的指导下处理项目的全过程，从中学习工程知识、设计/开发解决方案、现代工具应用、个人与团队工作、项目管理与财务等内容。培养学生的职业岗位能力和技能，将必备的专业理论知识、行业标准融入工作任务，分组、分岗位实施教、学、做一体化教学，充分调动和激发学生的学习兴趣，从而提高学生的真实岗位技能。以电子信息工程技术专业为例，教学项目的案例均按照一线

的真实研发过程进行设计。课程体系设计侧重应用实践 80% 课时为实践课；采用"适应性""集中式""模块化"的教学，提升学生学习中的实践能力，培养学生在工程过程中解决复杂故障问题的能力。

5. 建立科学的教学管理文件及制度

（1）建立校企共同招生及考试管理制度。校企共同完善《现代学徒制自主招生章程》，制定《自主招生考务工作实施方案》《自主招生考务手册》《高职自主招生考试保密工作实施细则》《自主招生考试监考员守则》《自主招生考试面试考官守则》《监考员考务工作流程》《考场守则》《考生守则》《考务工作流程》《命题、抽签及阅卷流程》等管理制度，形成招生、招工一体化运行机制。根据企业对专业理论知识、专业技术技能需求，及时修订《现代学徒制文化考试大纲》《专业理论考试大纲》《专业技能考核大纲》，细化招生命题、考试、录取流程，确保考试录取工作公平、公正、公开。

（2）建立校企人才培养一体化的教学管理文件及制度。校企双方联合成立现代学徒制试点专业教学指导委员会，联合制订方案试点专业人才培养方案，形成校企联合开展教学。指导委员会制定《现代学徒制校企合作项目管理办法》《学分制实施细则》《学分互换若干规定》《现代学徒制课程考核评价方法》《企业实践考核办法》《现代学徒制试点学生（学徒）赴企业见习管理办法》等相应的教学管理制度，完善多元化的育人机制。同时，形成校企联合开发课程、共建教材、"双证"融通的运行机制。

6. 构建校企联合教学过程的 TPRF 质量保障体系

（1）建立专门的组织机构，加强对人才培养的质量监控。学校专业负责人、行业协会的教育专家、合作企业专家组成三方专家委员会，共同制定并审核专业的教学标准，将岗位群所需的职业能力及岗位技能融入其中，形成企业主导的现代学徒制培养方案。育人过程由校企双方导师共同参与，校企双方提供满足人才培养的教学条件。学校教务处、质量监控办等教学质量管理监控机构，分别从教学管理、教学监控和学生管理三个方面进行教学管理、质量监控评价和信息处理反馈工作，以保证课程教学质量。校、行、企三方从学生掌握的知识技能和岗位业绩方面进行评价，齐抓共管，及时有效地对教学质量进行反馈，对企业主导的现代学徒制实施过程中的问题进行诊断与改进，定期检查、反馈，形成"TPRF"[目标（target）、过程（process）、结果（result）、反馈（feedback）] 质量监控与保证体系。

（2）建立企业主导的多方参与考核评价机制。创新考核评价和督查制度，建立基于工作岗位的考核评价标准，落实学校和合作企业的主体责任。按照学校学历教育和企业学徒的要求，构建全学程、双向介入的人才培养质量监控和评价体系，评价内容包含课程考核评价、学生能力、教学质量监控等。教学质量监控的措施得当、方法合理、反馈与评价结果准确，能准确检验专业人才培养方案的实施效果，也能推动和促进专业教师教学业务能力的提升。学校教师承担专业理论课程，部分实践课程由企业导师承担，最终成绩由学校教师和企业导师共同评定，侧重考核学生的实践能力。纯企业实践技能课程，由企业导师承担并进行成绩评定，评定内容包括学员的日常出勤情况、纪律情况、职业操守、团队协作精神、社会公德表现等方面，形成校企导师过程共管、成绩共评的评价体系。学校开发校企合作管理平台，学生每天记录工作日志，企业导师和学校教师可以随时查看，企业导师每周要对学徒评价一次，作为学徒的平时成绩。学校教师根据工作日志清考，随时同企业导师和学生保持沟通，对学生进行管理、监控、纠正，实现过程共管，对培养中的问题及时调整。

（3）完善现代学徒制诊断与改进机制。学院制定《现代学徒制教学诊断与改进办法》，完善现代学徒制人才考核及学徒评价机制。在现代学徒制试点实施过程中，通过校企双方的深度融合，共同完成任务实施，进一步改革相应的教学内容和合作形式，形成科学合理的教学质量评价标准和学徒考核办法，聚集行业焦点，引领社会对人才评价的变革，实现学校、企业、行业及社会的多元评价机制，推进现代学徒制教学建设及改革深入发展。

（二）现代产业学院背景下现代学徒制建设成效

1.完善机制，促进发展

在产教融合的大背景下，经过多年探索实践，研究现代学徒制人才培养模式创新改革，不断完善校企合作机制、双主体育人的人才培养模式、现代职业教育课程体系，实现学生和学徒身份、学业标准和学徒标准、学历文凭与职业证书等方面的融合，建设完备的"双师型"结构教学团队，建立了以成果为本的课程设计和质量评价体系，健全了高职院校的政策体系、政校行企的横向沟通机制、多元参与的质量评价体系、多元参与主体的利益分配机制，实现了校企精准对接、精准育人，提高了就业质量，为人才培养质量的提升奠定了坚实的基础。

2.能够创新现代产业学院建设机制，促进四链衔接

深化产教融合、校企合作，积极引导职业院校融入产业园区建设现代产业学院，企业到学校的交流促进产业链与教育链合一，是基于企业人才需求构建学校专业群，明晰人才培养定位；学校到企业的交流是促进人才链、产业链合一，是基于学校人才培养方案反向支撑与促进企业发展。为更全面服务区域产业升级及经济发展，现代产业学院建设坚持产业为要，坚持"将现代产业学院建在开发区里，将专业建在产业链上"的职业教育理念，按照深化教育链、人才链与产业链、创新链全方位衔接构建专业体系，充分发挥职业院校与地方政府、行业协会、企业机构等四元办学主体作用，加强产业园区产业、职业教育的统筹和部门之间的协调，切实增强人才对经济高质量发展的适应性，增强服务产业发展的支撑作用，推动经济转型升级、培育经济发展新动能。坚持创新发展，探索职业院校、产业园区、龙头企业及开发区政府"校园企区"等合作办学模式，推进机构共建、人才共育、过程共治、资源共享的校企合作体制机制改革，打造集现代产业学院建设内涵辨析与实践创新创业于一体的实体性人才培养创新平台。坚持产教融合，以专业群对接产业链、以产业学院对接产业园区、以课程体系改革对接产业转型升级，大力探索教育教学改革，建立

教育链、产业链、创新链与人才链紧密结合的可持续发展的新型教学机制，将人才培养、教师专业化发展、学生创新创业、企业服务科技创新功能有机结合，促进产教融合、推动学校人才培养供给侧与产业需求侧紧密对接，培养造就大批产业需要的高素质人才，为提高产业竞争力和汇聚发展新动能提供人才支持和智力支撑，达成政府、学校、行业、企业四方满意的成效，实现现代产业学院可持续、内涵式创新发展。

3. 夯实协同主体与保障工程，构建现代产业学院治理体系

（1）四元协同共建现代产业学院

服务现代产业发展是产业学院各联合主体的共同目标，是产业学院存在的逻辑起点。依据利益相关者理论，充分考虑区域、行业、产业特点，结合高校自身禀赋，兼顾职业院校服务社会办学的公益性、地方政府社会发展行政的指令性、行业协会参与的市场性及企业经营生产的经济性四方利益诉求，按照市场化运作规律组建政府、学校、行业、企业四方参与的产教融合型办学机构，构建政校行企四元主体协同组织架构，形成教育资源四方统筹建设，教学生产组织实施四方全程参与治理，机构获益促进四方共享发展的共建、共治、共赢的产教融合示范区。

"两制"即现代学徒制和学分制。精准对接区域经济发展需求，充分发挥行业企业育人主体作用，按照现代学徒制"工学交替、岗位成才"的人才培养要求，结合人才培养规律和企业人才岗位成才过程，创建"教学与生产相统一、学生与员工相统一、基地与车间相统一、教师与工程师相补充、技术与创新相融合"的实践平台，突出支撑产业发展的现代学徒制人才培养模式；大力开展学分制改革，以产教融合为契机，制定学分互换认定管理办法，通过参加企业项目开发、创新创业训练、社会实践、行业技能竞赛、考取职业资格证书等实践项目进行学分认定互换，调动学生的学习积极性和主动性，为人才培养改革奠定坚实的基础。坚持育人为本，实施现代学徒制及学分制的"两制"改革，其目的就是在现代学徒制组织与学分制的治理中落实培养对接产业发展的专业技能，促进产业转型的创新创业能力及学生长远发展的综合素质"三育人"成效提升。多元主体参与的人才培养质量评价"体系"建设是产业学院保持生命力的保障。建立质量评价机制，改革相应的教学内容和合作形式，形成科学合理的教学质量评价标准和考核办法，引领社会对人才评价的变革，制定学院现代学徒制教学诊断与改进实施办法，落实学校、企业、行业及社会的多元评价机制，还应该本着"公平、公开、公正"的原则，公布考核结果，并根据 PDCA（计划、执行、检查、处理）循环不断优化发展规划和考核方案，推进教学建设及改革深入发展。

第四章 高职学生发展性评价体系、调查及对策

职业教育为我国经济社会发展培养了大批高素质劳动者和技术技能型人才，但人才培养质量亟待提高。导致此现状的原因是多方面的，与现阶段高等职业教育忽视对学生实施发展性评价有直接关联。《国家高等职业教育发展规划纲要（2010—2015年）》明确提出，改革学生学业考核与评价办法，以学习能力、职业能力和综合素质为评价核心，构建、完善符合高职专业人才培养特点的评价体系。发展性教学评价体系坚持问题导向，针对高职教育学生评价中存在的不能激发高职学生成长成才的内在潜力和态度、不适应高职学生全面发展、不利于高职学生个性化发展等问题，从评价目标、评价内容、评价主体、评价方法四个维度构建，以达到服务学生就业和促进学生发展的目的。

2019年2月，《国家职业教育改革实施方案》明确了完善现代职业教育体系和建立职业教育质量评价体系。如今社会对高职院校毕业生人才多样化要求和高职学生对自己个性化发展的期盼，新时期高职院校学生评价理念应以促进学生全面发展为基础。评价要以科学、导向、激励、可操作和实效性为原则，评价内容以"知识、技能和素质"为核心进行构建。充分发挥学生在评价体系中的作用，体现"以人为本"的评价理念。

第一节 高职学生发展性教学评价体系

一、高职学生发展性评价之理论基础

（一）马克思主义哲学观和价值观

由于教学评价是对评价对象的教育教学活动、过程和结果的价值判断，而价值观是以哲学观为指导的，并且是哲学的重要组成部分，因此，马克思主义哲学观和价值观是教学评价的重要理论依据。

马克思主义哲学不仅承认价值范畴的广泛存在，还科学地阐明了认知价值范畴的方法。在价值范畴中，作为主体的人，是具有自然属性、社会属性和思维能力的客观实体。价值体现了客观属性和主观需要的关系，二者是辩证的统一。因此，在开展教学评价时，必须认知主客体的各种属性和关系，主体的需要、能力、价值等总是处于核心、主导地位。价值关系的主体具有个体性、多维性和时效性三个特点。个体性是指因主体结构和条件的特

殊规定性表现出来的不同需要的价值关系；多维性是指主体由互不相同的感官结构、心理结构、社会关系结构和实践活动结构的个人或群体构成，以及人们具体价值体验的可变性和选择性；时效性是指每一具体的价值关系都具有时间性，随时空的变化而发展。

马克思主义价值关系中主体的三个特点能帮助人们正确把握教学评价过程中的事实与价值、真实性与合理性、相对性与绝对性等多重关系。

唯物辩证法的对立统一规律、量变质变规律、否定之否定规律这三条核心规律清楚地指出，世界上一切事物都是在变化之中，都在随时空的变化而变化、发展。教育教学也一样，教育者和教育对象都是具有发展潜力的人，通过发展性教学评价，可以使每个人认知、发现、开发其潜能，使其更快、更好地发展，取得长远进步。

（二）多元智能理论

多元智能理论是由美国哈佛大学教育研究院心理发展学家霍华德·加德纳在1983年提出的。他认为，智能是人在特定情境中解决问题并有所创造的能力。每个人都有八种主要的智能：语言智能、逻辑—数理智能、空间智能、运动智能、音乐智能、人际交往智能、内省智能、自然观察智能。根据加德纳的理论，学校在发展学生各方面智能的同时，必须留意，每一个学生只会在某一方面的智能特别突出。因此，当学生未能在其他方面表现优秀时，学校不能惩罚学生。过去的多元智能发展主要集中在学前教育，因为教育专家认为，培养学生的多元智能发展应该从小做起，并慢慢推广到其他层面。然而，从广义上来说，多元智能理论的框架不但能在幼儿园及小学的层面推广，在中学、大学、研究院和培训机构也可以推广。

加德纳提出了"智能本位评价"理念，扩展了学生学习评估的基础。他主张"情境化"评估，纠正了以前教育评估的功能和方法。多元智能理论认为，学生的差异性不应该成为教育上的负担，相反，它是一种宝贵的财富。教师要改变以往的学生观，用赏识和发现的眼光去看待学生，改变用"一把尺子"衡量学生的标准，要重新认识每个学生的潜质，引导每个学生成长成才。

（三）建构主义的最近发展区观念

建构主义学习理论是认知学习规律理论的延伸和发展。由于个体的认知发展与学习过程密切相关，因此利用建构主义可以很好地说明人类学习过程的认知规律。建构主义强调学习者的主动性，建构主义认为，知识不是仅仅通过教师传授得到的，而是学习者在一定的情境即社会文化背景下，在其他人（包括教师和学习伙伴）的帮助下，利用必要的学习资料，通过意义建构的方式获得的。学习的核心强调以学习者为中心，也就是知识的自我建构。建构主义学习理论和教学理论是发展性教学评价理论与实践的另一理论基础。

苏联著名心理学家维果斯基依据一系列实验结果，指出学龄期的教学与发展问题具有重要价值的观念——最近发展区。维果斯基的最近发展区理论认为，学生的发展有两种水平：一种是学生的现有水平，指独立活动时所能达到的解决问题的水平；另一种是学生潜在的发展水平，即学生还不能独立地完成任务，必须在教师的帮助下，通过模仿和自己努力才能完成的智力任务，也就是通过教学所获得的潜力，二者之间的差异就是最近发展区。

维果斯基认为，最近发展区对智力发展和成功的进程，比现有水平有更直接的意义。他强调了着眼于最近发展区的教学在发展中的主导性作用，揭示了教学的本质特征不在于"训练""强化"已经形成的心理机能，而在于激发和形成目前尚未成熟的心理机能。因此，教学应该成为促进发展的决定性动力，只有走在发展前面的教学才是好的教学。这一思想对正确理解教育与发展之间的关系具有重要意义。

（四）发展性教学理论

发展性教学理论是 20 世纪 60 年代由苏联著名心理学家赞科夫提出的。赞科夫的发展性教学理论的设想源于维果斯基的最近发展区理论，他继承并发展了维果斯基的最近发展区学说，把智力发展扩大为一般发展，提出一般发展心理学思想。

他强调教学要促进儿童的一般发展，而不仅仅局限于认识能力的发展；要求使学生理解学习过程，教给他们学习的方法；强调使所有学生都得到发展；注重研究学生的兴趣、动机等内部诱因；主张让学生过丰富的精神生活等。赞科夫强调，要着眼于使学生在"最理想的一般发展"下的教学与发展互相促进的模式，既反对把教学凌驾于发展之上，也反对把教学与发展等同起来。他所指的一般发展，不仅包括发展学生的智力，还要发展情感、意志品质、性格和集体主义思想，它包括全部个性。

赞科夫的理论强调要超前教学，努力使教学走在学生现有发展水平之前，以更好地促进学生的发展。在教学目的上，注重发展性教学，把发展放在教学的重要位置上。坚持全面评价教学，促进学生整体发展。

（五）数学理论与方法

数学是关于纯量的结构及其关系的理论，在发展性教学评价中，运用数学的方法就是综合运用数学有关概念、理论对客体进行定量描述，并利用抽象思维建立数学模型，通过逻辑推导、计算和分析判断，从量的方面揭示事物本质和运用规律的一种相对科学的研究方法。

任何现实系统都是质与量的统一体，教育教学现象也一样。因此，教学评价应从质与量两个方面全面衡量教育教学目标实现的程度。传统教育教学评价过于偏重定量分析，而教学评价在很多方面难以量化。因此，发展性教学评价倡导定性评价与定量评价相结合。

同时，现代信息技术为教学评价提供了现代化的手段。发展性教学评价是一项复杂的工作，需要在规定的时间内处理大量的评价数据，信息技术为开展线上线下综合评价、处理评价数据、提供丰富的评价结果等提供了有效的手段。

（六）系统论的思想和方法

系统论的思想和方法是现代管理理论和方法的基础，使现代管理组织系统化、决策科学化、手段现代化、方法综合化。发展性教学评价是教育教学管理系统的有机组成部分，通过制定评价指标体系和评价标准，制订和实施评价方案，对教育教学系统的发展发挥促进和推动作用。发展性教学评价主要运用系统论的以下基本原理：

第一，动态原理。高职教育教学系统是结构复杂的动态系统，因此，发展性教学评价必须运用动态原理研究高职教育教学系统及其各子系统变化的方向、途径、趋势和前景，并探索其发展变化的动因、潜能和规律。也就是说，要用动态的观点看待评价对象，既要如实评价现状，更要评价发展的动力和发展的增量。

第二，有序原理。有序在这里的含义是按照一定的次序运行某事，以保证其正常进行。高职教育教学系统的复杂性体现在不仅和内部结构相关，还受外部关系和环境的影响（国家政策、行业企业有关规定等）。因此，教学评价应当遵循有序原理和方法，了解、洞察、发现其内部种种结构和关系以及评价和外部环境的关系，注重评价对象的个性差异，使发展性评价真正发挥其功能和作用，促进评价对象科学发展。

第三，反馈原理。反馈原理主要是指系统根据反馈信息做出判断，并通过调控子系统，对计划指令的输出产生影响，形成随机的调控，以保持系统的良性运行。反馈过程就是信息收集、加工、判断和回收的过程。收集信息应力求多维性、系统性和客观性，切忌单一性、任意性和主观性；要采用立体视角、多种多样的方式方法，广泛收集能系统反映且具有实效的信息，力求信息全面完整、客观科学。并对收集的信息精心加工、去伪存真，使信息更加全面、完整、准确、有效，促进评价对象成长成才。

第四，整体原理。整体原理要求在研究任何系统时，都把系统的整体作为研究对象，从整体与部分、部分与部分、要素与要素之间的相互关系上揭示系统的本质、特征和运行机制。发展性评价本身就是一个多要素系统，由评价结构系统、评价组织、评价指标体系和标准、评价策略方法、评价技术和手段、评价程序等要素组成。因此，只有运用整体性原理，才能发挥发展性评价的优势，更好地促进评价对象可持续发展。

二、高职学生发展性教学评价目标

评价目标阐明的是"为什么评"的问题。发展性教学评价目标是多元的，具有发展性特征，促进学生潜能、个性、创造性的发挥，帮助学生反思学习过程中存在的问题，使每一个学生具有自信心和持续发展的能力。

（一）激发学生的发展潜力

发展性教学评价思想不同于水平性教学评价和选拔性教学评价，它重视评价过程、重视评价对象主体性，并以促进对象发展为根本目的。发展性教学评价主张面向未来，在审视评价对象的过去、肯定成绩、诊断问题的基础上，注重评价对象的变化和发展，激发其发展潜力。发展性评价符合高职院校生源结构多元化特征，其评价目的就是调动每个高职学生的学习主动性、积极性和创造性，找到每个学生进步发展的新起点、最近发展区和发展方向，以激发每个学生的发展潜能。

（二）树立学生的发展自信心

西弗吉尼亚州优秀教师洛兰哈曼说过，"如果一个学生只得了 60 分，我不会往他脑海里灌输失败的念头。我会告诉他，不错，你已经掌握了 60% 的内容，现在把注意力集中到另外还没有掌握的 40% 上吧"。帮助学生树立发展自信心，找到另外一条衡量他们成功的方法，这样他们才不会自暴自弃或者放弃这门课程。高职院校学生的理论基础相对较弱，因此，教师在学生的学习过程中，要摒弃评价的甄别和选拔功能，善于发现学生的优点和特点，使学生树立"我能行"的自信心，从而促进学生的发展。

（三）促进学生全面发展

马克思强调的"人的全面发展"，实质上是人的本质力量的展示和人的本质力量的发展，强调的是全面的发展、和谐的发展、自由的发展、充分的发展，这是马克思主义追求的根本价值目标。党和国家领导人多次指出，要不断促进人的全面发展。这是对马克思主义"人的全面发展"理论的继承和发展。人的全面发展理论应用到教育教学中主要有两个方面的含义：一是对于学生个体来说，发展要全面，要德智体美劳全面发展，包括知识、能力、素养等方面的协调发展；二是学生整体的全面发展。因此，评价的目标不仅是为了反映学生对知识的掌握程度，更是为了促进学生的全面发展，促进学生自我认知、职业决策能力的提升。

（四）促进学生个性化发展

多元智能理论承认、尊重、善待个人智能的多元化和差异化，体现了个性化、多元化、全面化的教育理念，强调潜能的开发和分析、判断和解决问题能力的培养。多元智能理论认为，评价学生的目的在于发展学生的智能，教学评价有责任为学生提供有益的反馈，使学生认识到自己的智能特点和优劣，进而采取针对性措施，发展优势，弥补劣势。学生在解决问题时，各种智能协作共同起作用，因此，评价的目的不仅要促进学生各种智能的发展，更要促进学生智能组合的整体提高。多元智能理论为高职院校有效分析学生的能力和发展方向提供了理论基础和支撑。

（五）促进学生高质量就业

随着我国进入新的发展阶段，产业升级和经济结构调整不断加快，各行各业对技术技能人才的需求越来越紧迫，而"工业 4.0"带来的人才需求结构和能力的变化，对高职教育提出了培养复合型、创新型高素质技术技能人才的新要求。后现代主义认为，在这个以创新为时代精神的社会里，科学技术日新月异，各种新鲜事物层出不穷，创新已经成为社会、个人发展的动力源。每个学生都是独一无二的个体，每个学生都是知识的探索者和发展者，要给学生的不同见解留有一定的空间。因此，要改变传统评价的价值取向，关注每个学生的发展，根据每个学生的特点、潜能和发展方向确定评价目标，提升学生知识、职业能力、关键能力、综合素养，以促使学生适应经济转型升级需要，实现高质量就业。

三、高职学生发展性教学评价内容

评价内容阐明的是"评什么"的问题。职业教育作为一种教育类型，在实施发展性评价时，应以学习能力、职业能力、综合素质为核心，综合考虑能力、素养、知识等多方面因素，从多维度确定评价内容，以达到服务学生就业、促进学生发展的目标。

（一）发展性评价内容的理论依据

发展性教学评价内容以多元智能理论、建构主义理论、发展性教学理论等为指导，在数学理论与方法、系统论的思想与方法的基础上，遵循新时代高职教育人才培养目标对发展性教学评价内容的要求而确定。

1. 多元智能理论对发展性教学评价内容的启示

传统评价观念认为，智力是以语言能力和数理逻辑能力为核心的，因此，导致高职学生教学评价内容片面，过于重视理论知识或者技能的考核，忽视了学生职业素养和综合素质的评价。加德纳的多元智能理论认为，智力是彼此相互独立、以多元方式存在的，是个体解决实际问题的能力，是生产及创造出社会需要的有效产品的能力，使每个人在不同方面、不同程度拥有一系列解决现实中实际问题的能力。他认为每个人都能同时拥有八种智力，只是以不同的方式存在，每个人的智力各有特色和潜能。教师要根据每个学生的自身特点，制定个性化的学习内容和评价标准，用多把"尺子"衡量学生，使每个学生都能在各自不同的领域得到充分的发展。高职学生都是具有发展潜力的个体，发展性教学评价内容应充分考虑学生的全面发展和个性化发展，遵循学生的成长规律，关注其进步和变化过程，充分激发学生的发展潜力。

2. 建构主义理论对发展性教学评价内容的影响

建构主义源自关于儿童认知发展的理论，是一种关于知识和学习的理论，强调学习者的主动性。由于个体的认知发展与学习过程密切相关，因此利用建构主义可以比较好地说明人类学习过程的认知规律，即能较好地说明学习如何发生、意义如何建构、概念如何形成。建构主义理论从教学观、学生观、学习观、评价观和知识观等方面对促进学生全面发展有着正面的影响。建构主义的杰出代表布鲁纳认为，学习任何一门学科时，总是由一系列的片段所组成，而每一片段（或一个事件）总是涉及获得、转换和评价三个过程，学生不是被动的知识接受者，而是积极的信息加工者。他认为学习是一种积极的过程，学习者在该过程中依靠自己现在和过去的知识建构新的思想和概念。教师的任务是将学习信息转换为适合学习者目前理解状态的形式，帮助学生依靠学过的知识进行建构。因此，对学生的评价不能仅仅局限于结果，而应该贯穿于学习的整个过程。

建构主义强调协作的重要性，认为协作应该贯穿于整个学习活动过程。教师与学生之间、学生与学生之间的协作，对学习资料的收集与分析、假设的提出与验证、学习进程的自我反馈和学习结果的评价以及意义的最终建构都有十分重要的作用。因此，学生的协作能力也应该作为发展性评价的一个重要因素。

3. 发展性教学理论对发展性教学评价内容的要求

发展性教学理论不仅局限于学生认识能力的发展，还关注学生的学习过程，重视培养学习方法和学习能力，从而使所有学生的智力、情感、意志品质、性格等都得到发展。高职学生生源结构多元化使学生的基础各不相同，因此，评价不仅要注重学习成效的评价，更要重视学生学习过程的评价。坚持终结性评价和过程性评价相结合、定性评价与定量评价相结合的原则，动态监测学生学习能力的提升情况，采取多元化的评价方式方法，关注学生的发展，促进学生成长成才。

4. 新时代高职人才培养目标对发展性教学评价内容的要求

高职学生发展性教学评价内容要以新时代对人才培养目标的新要求为根本依据，高职人才培养目标决定了人才培养方案和学习目标，同时也是教学评价内容的具体化。新时代呼唤新的职业教育，新时代高职教育的使命就是主动对接国家重大战略，服务新时代经济高质量发展，培养德智体美劳全面发展的社会主义建设者和接班人，为中国产业走向全球中高端产业提供复合型高素质技术技能人才支撑。因此，开展发展性教学评价应包含德育、智育、体育、美育、劳育等方面的评价内容，促进学生人人皆可成才、人人尽展其才。

（二）发展性评价内容因素

发展性教学评价从不同视角展示有关学生学习的状况，为学生提供自我成长信息，助力学生成长成才。高职学生发展性教学评价内容可以分为能力评价、素质评价和知识评价。

1. 能力评价

能力是完成一项目标或者任务所体现出来的综合素质。人们在完成活动中表现出来的能力各有不同，能力是直接影响活动效率，并使活动顺利完成的个性心理特征，通常情况下能力可以分为专业技术能力和核心能力（通用能力）。专业能力指学生将来就业所需的技术和能力，即强调学生实际能做什么，在实践中能解决什么问题等，不同岗位对专业能力有不同要求。核心能力也称为关键能力，为具体的专业知识和专业技能以外的能力，是人们就业、再就业和职场升迁所必备的能力，也是在校、已就业和即将就业人群竞争力的重要标志。我国人力资源和社会保障部在《国家技能振兴战略》中把职业核心能力分为八项，包括：与人交流、数字应用、信息处理、与人合作、解决问题、自我学习、创新革新、外语应用等。

2. 素质评价

素质是指由训练和实践获得的一种道德修养，对高职院校的学生来说，素养可以分为职业素养和其他素养。

职业素养是人类在社会活动中需要遵守的行为规范，是职业内在的规范和要求，是在职业过程中表现出来的综合品质，包含职业道德、职业技能、职业行为、职业作风和职业意识等。职业道德是指同人们的职业活动紧密联系的符合职业特点所要求的道德准则、道德情操与道德品质的总和。它既是对本职人员在职业活动中的行为标准和要求，同时又是职业对社会所负的道德责任与义务。职业技能是指在职业分类的基础上，根据职业的活动内容，对从业人员工作能力水平的规范性要求。职业行为是指人们对职业劳动的认识、评价、情感和态度等心理过程的行为反映，是职业目的达成的基础。职业作风是指从业者在其职业实践和职业生活中所表现的一贯态度。职业意识是人们对职业劳动的认识、评价、情感和态度等心理成分的综合反映，是支配和调控全部职业行为和职业活动的调节器，它包括创新意识、竞争意识、协作意识和奉献意识等。对高职教育而言，职业素养尤显重要。高职教育是培养能工巧匠、大国工匠的重要教育类型，尤其注重培养严谨专注、敬业专业、精益求精、追求卓越等方面的职业素养。在开展发展性教学评价时，也要将这些要素放到重要的位置上考虑。

其他素养是指学生在社会生活中思想与行为的具体表现。新时代高职教育培养德智体美劳全面发展的社会主义建设者和接班人，这对学生的其他素养提出了更高的要求。在本书中，其他素养主要是指学生平时在学校的言行举止、学习态度、为人处世等。其他素养评价可以分为道德品质、公民素养、学习能力、交流合作与实践创新、运动与健康、审美、表现能力七个维度。其他素养表现为热爱祖国、遵纪守法、严以律己、勤奋好学、乐于助人、诚实守信、维护公德、关心集体等。

3. 知识评价

知识评价关注学生知识的认知成果，即强调学生知道了什么。职业教育作为跨界的教育，兼具职业性和教育性特征，为服务国家战略提供高素质技术技能人才支撑，所以要求高职教育培养的学生具备必需的知识，达到一定的知识水平。通常情况下，高职学生在校期间学习的理论知识包括公共基础知识、专业基础知识和专业知识。这些理论知识帮助学生胜任经济转型升级背景下岗位对复合型、创新型人才的需求，同时有助于实现知识的再生和迁移，为学生终身学习和可持续发展打下良好基础。

（三）发展性评价内容的维度

建立综合化的评价内容是解决学生个体间发展差异性和个体内发展不均衡性的关键。高职学生的生源结构多元化，学生群体需求呈现多元化特征，要求教学评价的内容是全面的，不仅要关注学生的学业成绩，更要在注重学生个体化差异的情况下，关注学生的进步和发展。

1. 增值评价

增值评价是英国、美国等在进行学校效能研究中发展起来的一种教育评价理论，起源于美国。20 世纪 70 年代开始，以"科尔曼报告"为起点，引发了美国关于学校效能的争论。随后在 20 世纪 90 年代出台《国家处于危机之中：教育改革势在必行》的文件，再次激发了美国教育改革的紧迫性，由此出现了学校问责的概念，同时也在反思当前的教育评价标准。而"增值"这一概念则是英国 20 世纪 80 年代为了解决在教育评价上的一些问题而提出的，随后国家统一课程的设立及相关统计技术的研发提升为增值性评价理论的建立创造了可能。现在的增值评价理论已经成为国家教育评价系统的一部分，是国际上前沿的教育评价方式，不以学生的考试成绩作为评价的唯一标准，引导学生多元发展。增值评价改变了过去对学生进行横向比较，转为对学生个体的纵向变化比较。它是基于收集学生在不同时间节点的测试成绩，并综合考虑一些不可控因素（学生的原有学习成绩水平、种族因素、家庭背景等）的一种评价理论，它评价的取向是"为了每一个学生的发展"。增值评价关注输入与输出的变化，评价更加客观公正，具有潜在的诊断性功能，立足于全体学生的发展，能满足所有学生的发展需求。

增值评价尊重学生的差异性，高职学生的基础水平参差不齐，由于教学对象多样化的需求，使教师不能用相同的标准要求所有学生，增值评价将学生的初始学业水平纳入评价的范围，评价的是学生学习前后的进步状况，评价尊重学生的个体差异，充分发挥学生各自的特长，努力促进所有学生的发展。增值评价关注学生的学习过程，强调学生的发展。增值评价是一种以学生发展为核心的评价方法，通过跟踪学生的整个学习过程，获得学生某段时间或某门课程的进步情况，从而评价学生的发展状况，能充分调动学生学习的积极性。

2. 成效评价

学习成效成为一个专业术语的时间并不长，可以追溯到 20 世纪 60 年代布鲁姆的掌握学习理论，他从教育目标分类学的角度，将人的心理发展分为认知领域、情感领域和动作技能领域。加涅认为，学习成效可以帮助学生更加深入地了解学习过程，并为教学的设计提供准确的信息。艾斯纳则认为，学习成效本质上是学生经某种形式的努力最终所获得的预期或者非预期的效果。罗伯特·斯滕伯格认为，学习成效应包含分析技能、综合技能、实践和应用技能。美国学者 Ewll 于 1987 年进一步综合多位学者的想法，将学习成效细分为知识类、技能类、态度与价值观类、行为表现类。学习成效有两方面的内涵，一方面是主观的"情感状态"的概念，另一方面是客观上"学术成就"和"学习成果"的概念。它反映的是学生在经历一段教育历程之后的成就状况，包括学生的学习表现、学习成就和学习进展等多方面的成果，可以是专业知识、职业能力、学习能力、认知风格、职业素养等。

建构主义教育理论主张以学生为中心，因此，评价必须关注学生的学习过程。学习者的学习成效除了受学习者本身因素影响外，还受学习环境的影响，即内部条件和外部条件同时起作用。衡量学习成效的指标众多，主要包括学习满意度、学习绩效、学习能力、学习自我评估、学习成就、课堂评估、参与程度、自我效能、学习兴趣及学习经验等。可以根据评价需要选择合适的指标，对不同层次学生的学习成效进行评价。

四、高职学生发展性教学评价主体

评价主体阐明的是"谁来评"的问题。我国高等职业教育"人人皆可成才，人人尽展其才"的人才观，决定了必须立足于学生个性化发展和全面发展，采用多元化的评价主体，实施发展性教学评价。但是，在传统的评价体系中，教师是评价主体，学生是评价客体。大家关注更多的依然是教师的评价结果，学生的参与度较低，这直接影响了高职院校学生的学习积极性，学生是被动消极地被评价，评价对学生的心理造成了极大的负担和负面影响，压抑了学生自我发展的欲望和潜能，不利于树立发展自信心。实施发展性教学评价，促进学生全面发展和个性化发展，帮助学生自我成长、自我进步，评价主体必须坚持多元化，评价可以采用学生自评、学生互评、教师评价、企业专家评价等多种形式进行。

（一）发展性评价主体的内涵

在发展性学生评价中，评价主体不再局限于教师，与学生有关的人都可以作为学生的评价者，多元化的评价主体能够全方位、多角度地收集学生的学习和评价信息。

1. 评价主体的概念

评价主体是指参与教学评价的个体或群体，通常将评价他人者称为评价主体，将被评价者称为评价客体。评价主体须具备一定的评价知识技能，且可以实际地参与评价活动。高职教育评价主体通常包括教师、学生和企业专家等。发展性教学评价着眼于学生的全面发展，要求评价主体多元化。因此，学生是教学评价的积极参与者和合作者。同时，鼓励同伴、教师、企业专家共同参与评价，通过学生自评、学生互评、小组评价等形式，帮助学生在自我评价、互相评价、师长评价中不断反思，认识自我，充分调动学生的学习积极性，实现自主学习和发展。

2. 发展性评价主体的多元化

最早提出主体多元化概念的是美国评价学者帕特，他在1978年提出应该让所有使用评价信息的人员都参与评价，并对评价提出相关的要求和建议。评价主体多元化是指由教师的单向执行评价转为多向评价，强调除了教师以外，学生、企业专家等都应是评价主体中的一员，这样不但增强了彼此之间的互动，还可以建立共同参与、相互影响的教学评价制度，促进学生全面发展。正如美国评价学者斯滕豪斯所说："多元主体参与评价的最大优势是克服了评价的偏见，提高了结论的真实性。"这种真实性来源于不同的评价主体对评价对象的深入了解，并且将评价过程明显化和精细化，从而客观地评价每个学生的进步和发展。

3. 学生在发展性评价中发挥主体作用

要真正实施发展性教学评价，学生首先必须树立"我是主体"的意识，这是确认和肯定学生评价主体地位的前提。发挥学生的评价主体作用，有利于学生更积极主动地参与教学全过程，确保教学评价发挥促进学生自我反思、自我进步的作用。评价是一个复杂的历程，通常包含学生、教师、企业、学习目标、评价目标、评价方式等，发展性评价的实施过程都是以学生为主体的。

（二）发展性教学评价主体的理论依据

人本主义教育思想代表人物罗杰提出了以"学生为中心"的非指导性教育思想。人本主义教学评价模式强调"意义学习"，认为意义学习的核心是学生直接参与学习过程，反对以考试和考核为主要内容的外部评价，倡导自我评价、自我纵向比较和横向比较。也就是说，学生在学习过程和评价过程中的主体地位尤其重要。

建构主义理论认为，教育评价的目的和作用不是甄别和选拔优秀学生，而是要了解每个学生的学习情况，根据每个学生的发展情况和知识建构能力的差异进行教学，促进每个学生的发展。受建构主义思想的影响，发展性教学评价主张评价主体间的交流和沟通，关注的是评价对象对评价结果的认同以及对评价对象的促进作用。因此，发展性评价主张评价主体多元化，发挥学生自评和互评的作用，学生参与到评价过程中，成为评价活动的主体。

加德纳认为，智力是在某种社会或文化环境的价值标准下，个体用以解决自己遇到的真正难题或生产及创造出有效产品所需要的能力，并提出了多元智能理论，即每个学生都有自己的优势智力领域，都有自己的学习类型和学习方法。加德纳指出，自知自省智力、交往交流智力是人的智能结构中不可或缺的部分，而这些智力通常在实际的学习过程和特定的评价情境中得到培养。这就要求评价主体由一元变为多元，通过学生自评和互评提高其内省意识，培养沟通与交流的能力。同时，多元化的评价主体有利于全方位收集信息，发挥评价促进学生发展的作用。

（三）发展性教学评价多元化评价主体构成

评价主体的多元化已是趋势，不但能增强师生间的互动，还可以建立共同参与、相互影响的教学评价制度，促进学生的综合素质提高。为使评价过程科学、客观、开放，为学生发展而评价、为促进学生成长成才而评价，确定参与评价的主体至关重要。高职教育学生发展性教学评价的主体通常有以下几种：

1.学生自评

自评是指评价对象自己参照发展性评价标准，对自己的学习活动状况或发展状况进行自我鉴定或评价，是评价对象的自我反思、自我认知、自我分析、自我挖掘潜能、自我促进和发展的过程。学生是所有教育活动的参与者和接受者，参与评价可以让他们更清楚自己的定位、自己的学习所得，明晰发展目标，确定自我成长、自我提升、自我超越的最佳路径。学生在进行自我评价时，可以发展他们的批判性思维和评价的技能，激发自我教育的能力，提高发现问题、探究问题和解决问题的能力，同时提升在学习方面的独立性。学生自评不仅可以实现自我教育，还可帮助学生战胜自我，实现自我的超越与提升。在学生自评过程中，教师可以引导学生从自己经常犯的错误或遇到的挫折中进行自我反省，并鼓励学生不断超越自我、战胜自我，重新塑造自我。

2. 学生互评

互评是指在共同完成某项学习或活动之后，同学之间进行的交流和相互评价。高职学生参与对同伴的评价，能更清楚地认识自己的优势与不足，提高批判性思维能力和反思能力，并学会交流、合作、分享。坚持"自主学习、合作探究、共同提升"的思路，在教师的正确引导下，学生互评能提高评价自己和他人的能力，建构一种民主、平等的评价关系，发挥学生群体性的教育作用，从根本上体现发展性教学评价以促进学生发展的特质，最终达成促进学生成长成才的目标。同时，学生互评能让学生从其他同学的评价中更进一步地认识自己，将"自己心目中的我"和"他人眼中的我"进行比较，从区别中找出差距，提升自我认识。互评可让学生在团队中得到不同程度的认可和尊重，在这样的氛围中，教师鼓励学生进行互相指导、互相成长，提高学生的交流能力和团队合作能力。

3. 小组评价

小组互评是项目化教学的有效评价手段之一。把学生按照一定的原则分成水平相当的学习小组，小组内分工明确，并定期互换角色。各小组在共同完成某项学习活动之后，同学之间、小组之间互相交流，完成小组评价。小组评价将个人与小组融为一体，形成捆绑式评价，在尊重个体差异的同时，促进每个学生发展，有利于培养学生团结协作能力，激发学生学习热情。

4. 教师评价

教师评价是指教师根据发展性评价目标，遵循高职教育教学规律，依据评价标准，客观、公正、实事求是地对高职学生的学习、进步、成长和发展做出的价值判断。教师评价可以帮助学生总结成功的经验，诊断存在的问题及原因，并给予有针对性的指导，激发学生的发展动力。

教师是教学第一线的工作者，通过评价能及时发现教学上的问题，找出问题的根源，再进一步解决问题，有利于提高教学的效果。教师的认可、赞扬可以使学生获得成就感，增强自信。在评价主体由单一转变为多元的过程中，教师心态的转变起着决定性的作用。同时，教师的引导在很大程度上影响着学生在评价上的学习与成就。实施发展性教学评价是在教师与学生平等对话的基础上进行的，其不只是沟通评价的内容和评价的方式，也是师生实现共同提升与发展的途径。同时，在评价过程中，学生的自学能力、合作意识、协作交流与沟通能力等方面均能得到培养和提高，综合素养不断提升。

5. 企业专家评价

职业教育具有跨界属性，与区域经济发展有着直接而紧密的联系，因此，教学过程中企业专家的评价不可或缺。企业专家根据行业标准、职业资格标准、岗位任职标准等，对学生的操作过程、学生的作品、学生的素质等进行评价，并给出改进的建议，对高职学生职业能力的提高、职业素养的提升具有现实和长久意义。企业专家评价应贯穿学生学习的全过程，为学生更高质量就业做好准备。

五、高职学生发展性教学评价方法

教学评价方法阐明的是"怎么评"的问题，是发展性教学评价在高职学生教学评价上的具体应用，与传统评价方法相比，其实施理念、实施过程、实施标准、实施工具等方面都有较大差别，有利于营造适合高职学生全面发展、个性化成才的学习环境。

（一）发展性评价方法的实施理念

现代职业教育坚持"人人皆可成才、人人尽展其才"的人才观，实施促进学生发展，服务高质量就业的发展性教学评价，能有效促进教学个性化、学习自主化，服务学生全面发展需要。

1. 评价方法关注学生的成长成才

发展性教学评价方法以促进高职学生的成长为目标，立足现在、诊断过去、面向未来，在关注学生现在和过去取得成绩的同时，更加重视学生的未来发展，促进学生不断"增值"。因此，评价方法关注形成性和过程性评价，不以评价结果作为奖罚依据，坚持在评价过程中促进学生主动、积极地发展。

发展性教学评价方法以马克思主义哲学观为指导，从唯物辩证法的视角评定学生的发展，认为学生的进步和发展是螺旋式上升或波浪式前进。因而，采用的评价方法应该是立足学生的当前发展态势，充分调动高职学生的内部学习动机，促进其谋求未来的发展，最终实现人生价值。

职业教育是与经济社会发展联系最紧密、最直接的一种教育类型，是促进经济、社会发展和劳动就业的重要途径。发展性教学评价方法关注挖掘学生的内在潜能，培养学生的职业能力、职业综合素养和创新精神，帮助学生树立自信心，能促进高职学生自身发展需求与职业需求和社会需求紧密结合起来，从而为我国经济社会发展提供有力的人才和智力支撑。

2. 评价方法促进学生的发展

树立正确的人才观，使"人人皆可成才、人人尽展其才"的理念落地生根，努力让每个人都有人生出彩的机会，需要打破传统的评价方法，营造公平、公开、公正的环境，不断激发高职学生的学习热情和创造精神，以达到促进发展、服务高质量就业的目标。

评价方法要关注全体学生的发展。美国社会心理学家威廉·詹姆斯经过研究后发现，人要是得不到激励，仅能发挥其能力价值的20%~40%。传统教学评价面向少数、忽略多数，面向过去、忽视将来，采用选拔式、考评式、划分等级式的评价方法，以奖罚为评价目标，依靠外部力量来驱动高职学生提高学习的积极性，结果会适得其反。发展性教学评价方法聚焦全体学生的发展，发挥评价的导向、诊断、激励、改进等多种功能，坚持以人为本，面向全体高职学生，通过了解学生过去和现在的状态，分析学生的优势和不足，并反馈具体的改进建议，促进全体学生进步和发展。

评价方法要关注学生的全面发展。1996年，雅克·德洛尔主席向联合国教科文组织提交了题为《教育—财富蕴藏其中》的报告，重申了教育的基本原则："教育应当促进每个人的全面发展，即身心、智力、敏感性、审美意识、个人责任感、精神价值等方面的发展。应该使每个人尤其借助于青年时代所受的教育，能够形成一种独立自主的、富有批判精神的思想意识，以及培养自己的判断能力，以便由他自己确定在人生的各种不同情况下他认为应该做的事情。"2018年，党和国家领导人在全国教育大会上强调，培养德智体美劳全面发展的社会主义建设者和接班人。新时代对高职教育提出新要求，高职教育必须全面贯彻党的教育方针，坚定社会主义办学方向，解决好"培养什么人、怎样培养人、为谁培养人"这个根本问题。发展性教学评价方法关注学生的全面发展，明确高素质技术技能人才培养目标，以促进学生全面发展为根本任务，采用灵活多样的评价方式，关注学业成就的同时，对学生的职业素养、职业精神、创新精神等做出价值判断。

评价方法要关注学生的个性发展。加德纳在研究脑部受创伤的病人时发现他们在学习能力上的差异，因此提出多元智能理论。不同的人会有不同的智能组合，每个学生都具有不同于他人的个性、特点、习惯、偏好等，有独特的生理、心理素质和认知方式，这就使得每个学生的进步速度和成长轨迹各不相同，发展目标和路径各具特性。尤其是高职院校的学生，个体特性差异巨大，同质化的评价方法显然不利于学生成长成才。马克思主义关于人的全面发展学说提出了"让每一个人的个性得到充分自由的发展"的重要观点，这为发展性教学评价方法的选择提供了理论支撑。教师要改变用一把"尺子"衡量学生的标准，采用多样化的评价手段，最大限度的个别化评价方式，在评价过程中遵循"因材施教"的理念，尊重每个学生的个性，关注每个学生的成长，体现每个学生的特长，从赏识和发现的角度去评价学生，发现每个学生的特质和潜质，培养学生的创造能力，为每个学生提出适合其发展的、有针对性的建议，促进学生个性化发展、多样化成才。

3. 评价方法突出学生的主体地位

建构主义提倡在教师指导下、以学习者为中心的学习，也就是说，既强调学习者的认知主体作用，又不能忽视教师的指导作用，学生是信息加工的主体，是知识的主动建构者，而不是外部刺激的被动接受者和被灌输的对象。建构主义认为知识无法通过教学过程直接灌输给学习者，学习者必须主动参与整个学习过程，通过协商、讨论、沟通，建构知识的意义。

基于建构主义思想，发展性教学评价方法坚持把评价对象作为评价主体，主张学生是评价活动的主动参与者，从而增强学生的反思意识和反思能力，从根本上改变以管理者和教师为主导的单一评价主体现象。评价方法侧重于督促高职学生在学习过程中，进行自我审视、自我反思、自我诊断、自我分析、自我判断，从而形成促进自我发展的良性循环。

发展性教学评价方法在实施时，教师和学生是民主参与、协商互动、沟通交流的过程，采用的评价方法、评价标准、评价指标、评价结果等都是由教师和学生共同决定的，充分体现了学生的主体作用，有利于发挥高职学生参与教学全过程的主动性，从而起到促进学生发展的作用。

4.评价方法强调定性与定量结合

量化评价通常使用测验或测量的方法完成教学评价，其客观性和有效性较好，但是，它往往局限于知识类内容的测验。《国家职业教育改革实施方案》中提出健全"文化素质＋职业技能"的考试招生制度，为学生接受高职教育提供多种入学方式和学习方式，这使高职学生的理论知识和专业技能差异较大。同时，职业教育以高质量就业为导向，重视职业能力、职业精神和职业素养的培养。因此，单一的量化评价方法不适合高职院校学生。

发展性教学评价方法着眼于学生的发展和进步，坚持定性与定量相结合，定量评价客观性好，能减少评价者的主观程度，因此，用定量的方法评价学生的学业成就。定性评价更加注重过程性评价，如即时性评价、表现性评价、电子学档评价等，因此，可用定性的方法评价学生的学习能力、职业能力、职业素养和职业精神等。定性评价更能真实反映出学生的学习规律，有利于实施个性化评价，发现每个学生的潜能和最佳发展区，使学生能及时发现学习过程中的问题，不断改进学习方法，提高学习能力。在发展性教学评价方法实施过程中，常以定性评价统整定量评价，而定性评价则以定量评价为基础，二者相互支撑，互为补充。

（二）即时性评价

即时性评价是课堂评价最直接和最及时的评价方式，对促进学生提高素养、获得全面发展具有重要作用。心理学研究表明，对学生在特定情境下出现的某种行为进行及时的认可或纠偏，可以使学生增加良性认知或行为，特别是在其行为得到充分肯定后，会形成愉悦的心境，促使其学习态度积极，激发内在学习动力，从而向更高层次发展。即时性评价符合发展性教学评价立足过程、关注发展的特性。将即时性评价应用于高职教育课堂教学中，能有效激发学生的学习动机和参与教学评价的积极性，从而提高课堂学习成效。

1.即时性评价的含义

即时评价是教学过程中依据一定的评价标准对教学现象做出的实时评估，通过调整、控制受评者的后继行为取得最佳教学效果，是一种有效促进教学目标实现的教学手段。即时评价应用范围较广，涉及学生的学习过程、学习态度、学习方法、学习结果等。它主要通过教师的情感流露、言语激励、行为暗示等方式实现评价。

建构主义认为评价应以立足过程，促进主体发展为根本导向，评价内容倚重于学生的内在心智发展而非知识习得的多寡。即时性评价是一种有效的形成性评价方式，它可以贯穿于课堂教学活动的每一个环节，有助于激发学生学习动机，提高学习积极性。教师通过即时性评价对学生在课堂教学中的行为表现给予即时鼓励，激励学生进步，缩短师生间的心理距离，营造民主、和谐、活跃的课堂氛围，有利于学生积极参与教学和评价全过程，从而引导评价活动更加有效地促进学生发展。学生在课堂上从教师的即时性评价中得到启发，及时发现学习中存在的问题，并迅速做出改正和调整，提高学习能力，明确发展方向，控制后续学习行为，有助于学生充分认识自我，树立学习和成功的信心，产生积极向上的情感和不断前进的动力，发挥学生的主体作用，激发课堂学习的生命力，提高课堂学习成效。

2. 即时性评价的特征

即时评价要体现及时性、激励性、全面性、公正性的原则。在课堂教学中，即时评价有利于促进教师与学生的交流，易于被学生接受，可操作性强。

（1）反馈及时

即时性评价不受时间和空间的限制，在课堂教学中，教师针对某个学习环节，对学生的某种行为进行第一时间评价，操作比较简单，反馈及时，易于帮助学生及时了解学习过程中的问题，反观自己、反思自己，更好地掌握学习进程。

（2）应用广泛

即时性评价可以对学生的学习态度、学习习惯、学习内容、学习行为、学习过程、学习特点等方面进行评价，凡是关系高职学生成长和发展的，都可以纳入即时性评价范畴，应用广泛。同时，教师可以采用口头表扬、体态语言、书面语言等多种形式进行评价。

（3）互动性强

交流是即时性评价的前提，如果教师和学生之间没有交流的意愿，没有交流行为的发生，根本不会存在即时性评价的问题。即时性评价以促进学生的发展为目标，摒弃甄别、淘汰功能，重视教师和学生的情感交流，教师对学生行为的评价不是简单的肯定和否定，而是一种如赞赏、质疑、问询等形式的情感反应，学生通过情感回应与教师互动交流，教与学的过程融为一体，能更好地挖掘学生的学习潜能。

（4）体现差异化

即时性评价通常在具体的情境中使用，根据多元智能理论，不同的学生在同样的学习情景中的行为表现和学习特质各不相同。即时性评价因人而异，每一次评价都是针对不同的学生个体，其评价内容和评价方式是具体而有差别的，有利于因材施教。

（5）具有导向性

从关注学生的成长和发展的视角，教师在即时性评价过程中的一举一动都可能具有引导作用，为教师的教学活动和学生的学习进程指明方向。同时，即时性评价的教学情境性和融入性使其具有潜移默化的功效，对学生的心理成长具有一定的暗示功能，有利于培养学生的学习自觉性。

3. 即时性评价类型

根据即时性评价的内容和特征，可以把即时性评价分为激励型评价、包容型评价、延迟型评价等。

（1）激励型评价

美国心理学家马斯洛指出，每个人在完成任务的过程中，都需要被人鼓励，在出色地完成任务后，都渴望别人给予应得的承认。高职学生生源结构具有多元化的特征，更应充分发挥激励型评价的作用。在课堂教学中，教师针对学生的即时表现，选择恰当的时机，通过语言、情感等，对不同学生的学习行为给予充分的肯定、鼓励和赞扬，使学生在心理上获得自尊、自信和成功的体验，能有效地激发学生的学习动机和学习兴趣。

（2）包容型评价

建构主义学习观认为，每个学习者都是以自己的原有知识经验系统为基础，对新的信息进行编码，建构自己的理解，使原有知识又因为新经验的进入而发生调整和改变。学生不是空着脑袋走进教室的，由于经验背景的差异，学生对问题的理解各有不同，这些差异本身就构成了宝贵的学习资源。教师对学生在课堂学习过程中出现的偏离预期答案、超越常理想象、违背逻辑的现象，不要轻易否定，而是尽可能地包容学生，善于发现学生的闪光点，以保护学生的求知欲、学习积极性和创新精神。

（3）延迟型评价

经验表明，新颖、独特的创意或观点，常常会出现在思维过程的后期。延迟型评价就是针对学生的学习表现，教师不急于下结论或进行评价，而是给学生一个自由的空间和充分的反思时间，让他们在宽松的气氛中自由想象，处于一种自然发展状态，畅所欲言，互相启发，取长补短，从而进一步发现问题，并内化为自己的理解，产生创造性的见解，使个性思维得到充分的发展。

（三）表现性评价

表现性评价最早应用在心理学领域和企业管理领域，直到20世纪40年代才开始被教育测量学家所关注并加以研究，在20世纪60年代后获得迅速发展。考核的是学生面对真实问题的具体表现，评价学生在完成某项特定任务时表现出来的真实水平。由于表现性评价格外注重学习过程的评价和质性评价，受到普遍的重视和推广。表现性评价作为一种评价方法并不新颖，值得关注的是运用这种评价方法推进高职教育教学改革，达到促进学生发展的目的。本节以多元智能理论、建构主义理论为指导，介绍表现性评价的内涵。

1.表现性评价的含义

表现性评价又称替代性评价、真实性评价、3P(Performance, Portfolios, Products Assessment)评价。它不同于传统事实性知识的测验，强调在完成实际任务的过程中评价学生的发展，致力于更真实地反映教学过程。表现性评价不仅能反映学生知识技能的掌握情况，还能通过观察学生完成任务的表现，评定学生的创新能力、实践能力、与人合作能力、学习态度、价值观念等方面的发展，适合高职学生的学习特点和生源结构特点，能有效提升职业能力和综合素养，达到促进发展，服务就业的目标。

（1）表现性评价的理论依据

表现性评价长期以来在美术、摄影、音乐、舞蹈、体育等很多领域得到广泛应用，通过对各种作品或现场表演进行评价，判断出对专业知识、专业技能掌握的深度和广度，以及具备的综合能力、综合素质、创新精神等。但是，表现性评价受到教育界的重视，却只有二十几年的时间。

20世纪80年代，美国的认知心理学和发展心理学取得了突破性进展，这对教学评价产生了深刻的影响。随着加德纳多元智能理论的提出，人们充分认识到，学业评价不应只重视对语言和数理逻辑能力的考核，还应该对学生的其他智能进行评价。学习活动是学生综合运用不同智能分析和解决问题，并最终获得创造性、具有个体特征的"学习产品"的过程，每个学生的智力强项不同，学习的基础、方法、路径等各不相同，因此，其学习过程中的表现和学习收获差异性较大，需要用多把尺子衡量学生知识、技能、素养等方面的进步和发展。

皮亚杰的建构主义学习理论认为，学习过程是一种经历复杂的内心体验，是学习者基于原有的知识经验生成意义、建构理解的过程。学习的过程是"同化"与"顺应"的结合。同化是指把外部环境中的有关信息吸收进来并结合到学生已有的认知结构中，即个体把外界刺激所提供的信息整合到自己原有认知结构内的过程；顺应是指外部环境发生变化，而原有认知结构无法同化新环境提供的信息时所引起的认知结构发生重组与改造的过程，即个体的认知结构因外部刺激的影响而发生改变的过程。因此，评价强调发挥学生的主体作用，提倡师生、生生之间的交流，注重学生分析问题、解决问题的能力以及创新精神的培养。

基于多元智能理论和建构主义理论，20 世纪 90 年代，英美兴起了一场学业评价改革运动，主要动因是对标准化考试以及考试功能的质疑和批评。越来越多的教育学家认识到，传统的纸笔考试限制了学生的思维和创新，无法考查学生在学习过程中运用知识和技能的真实情况，尤其是学生的情感、态度、价值素养等方面的表现。同时，信息技术的飞速发展，使各国更加重视高素质人才的培养，表现性评价由于其自身注重过程评价、注重质性评价的特性，被放到了越来越重要的位置。

（2）表现性评价的定义

表现性评价最早由美国国会技术评价办公室在 1992 年描述为：要求学生创造出答案或产品以展示其知识或技能的测验。这种评价不仅评价学生完成任务过程中所表现的行为、态度、情感，还评价学习任务结束后取得的学习产品。因此可以将表现性评价定义为：学生在设计的真实或模拟的学习情境中，运用先前获得的知识解决某个新问题或创造某种东西，以评价学生知识与技能的掌握程度以及分析问题、解决问题、交流合作和批判性思考等多种复杂能力的发展状况。表现性评价是通过客观测验以外的行动、表演、展示、操作、写作等更真实的表现来评价学生的口头表达能力、文字表达能力、思维能力、创造能力、实践能力的评价方法。

表现性评价包含三方面的含义：一是学生必须自主地、创造性地完成学习任务，用行为表现证明学习过程和结果，而不是从规定好的选项中选择答案；二是教师必须在观察学生的实际操作过程和提交的作品后，给出客观评价；三是这种评价能使学生在完成学习任务的过程中，充分发挥主观能动性和创新精神，有效地促进知识学习和能力的发展。

2.表现性评价特征

表现性评价不仅评价学生"知道什么"，更重要的是评价学生"能做什么"；不仅评价学生行为表现的结果，更重要的是评价学生行为表现的过程；不仅是对某个学习任务、某方面能力的评价，更重要的是对学生综合运用已有知识进行操作与表现能力的评价。因此，表现性评价是发展性评价常用的重要评价策略之一，符合高职学生动手操作能力强，但是自信心不足的特征，能有效地兼顾学生全面发展和多样化成才，促进学生学习与成长。表现性评价具有以下典型特征。

（1）评价的情境性

用于表现性评价的学习任务通常具有明确的任务目标，根据高职教育的跨界性特征，大部分的学习任务来自真实的工作岗位，具有很强的使命感和真实性，使学生把所学的知识、技能同工作实际联系起来，并用所学的知识和技能分析和解决工作实际中遇到的问题。在这样的职场化学习情境中，学生能充分发挥学习的积极性和主动性，充分拓展其创新精神和操作技能，从而将学生各方面的表现呈现出来，教师对完成任务的过程和结果进行评价。这种评价不是让学生在试卷上写出操作思路、步骤、方法和结果，而是让他们在完成具体、真实的学习任务中，施展各自的才华和本领，有利于培养学生的职业能力、职业精神、职业素养和职业自信。评价情境越真实，学生对要解决的问题就越有兴趣，对学习任务也就越重视。

（2）内容的全面性

在表现性评价中，学习任务一般不是单一的知识和技能就可以解决的，通常需要学生综合运用所学的知识和掌握的技能，并进行独立的思考，才能创造性地完成学习任务。也就是说，表现性评价的任务具有一定的挑战性。同时，在评价过程中，对学生的评价不仅仅局限于知识与技能的掌握与进步情况，还包括学生参与学习过程的程度、学习的主动性与创造性、合作意识、交流与沟通、思维的深度与广度，最终，还要对学生的学习结果进行评价。表现性评价能给学生提供全面、可靠的反馈信息，促进学生更好、更快发展。

（3）评价标准的多元性

通常情况下，表现性评价的任务是可以用多种方案、多种途径完成的。因此，其评价标准呈现出多元性特征，即没有统一的标准，学生可以基于原有的知识经验生成意义、建构理解，充分发挥个人的创造性，完成学习任务，并积累经验，培养创新意识，提高职业能力和综合素养。这样的评价方式有利于发挥每个学生的优势和特长，挖掘学生的学习潜力，促进每个学生都能做最好的自己。

（4）评价的公开性

传统的评价考试中，通常采用闭卷考试的形式，试题和答案都是保密的。而表现性评价的任务设计、评价目标、评价标准都是由教师和学生协商完成的，其评价过程是公开的。这样的评价方式可以充分发挥学生的评价主体作用，让学生全面了解和参与学习与评价过程，提高学习和评价的主动性、积极性和责任感，从而学会自我反思、自我分析、自我评价的基础上，取得长足的进步和发展。

3.表现性评价形式

表现性评价可以分为限制式的表现性评价和开放式（扩展式）的表现性评价。限制式的表现性评价对评价的任务和目标有非常明确的要求，而且对被评价者的行动有一定的限制。开放式的表现性评价是一种对被评价者完成学习任务的方法和过程等不做限制要求的评价方法。表现性评价的形式主要有演示、实验与调查、科研项目、口头描述与戏剧表演、作品选集等。

（1）演示

演示是一种给定要求的能力表现，学生借此展示他能够使用知识与技能完成一件定义良好的复杂任务，是限制式的表现性评价。构成演示的任务通常是提前定义好的，并且要保证学生和评价者熟悉或了解完成演示的正确或最佳方式。如学生可以演示使用仪器设备的技能，演示在图书馆或互联网上查找信息的能力等。演示侧重于展示学生运用技能的程度，而不是解释自己的思维或原理。

（2）实验与调查

实验与调查也是一种限制式的表现性评价，主要评价学生是否运用了适当的探究技能与方法，还可以评价学生是否形成了适当的观念框架及对所调查现象是否形成一种理论性的、基于学科知识的解释。为评价这些能力，要求学生在开始收集数据前做出估计与预测，而后收集、分析数据，展示分析的结果，得出结论并进行论证。

（3）科研项目

科研项目是开放式的表现性评价，是一种持续时间较长的学生活动，让学生或学生群体完成一项科研项目，从而对其综合运用知识的能力做出评价。在实际运用时，其又分为个体项目与群体项目。个体项目要求学生具有广泛的知识与能力，此外还要求学生能运用批判性思维、创造性思维解决问题。群体项目的主要目的是评价学生能否以合作性的、适当的方式一起工作，并创造出一个高质量的产品。

（4）口头描述与戏剧表演

口头描述与戏剧表演是开放式的表现性评价。口头描述由学生以会谈、演讲的方式展示其口语技能，评价集中于论证与辩论的逻辑与说服的质量上。戏剧表演将言语化、口头与演讲技能及运动能力表现结合在一起，通过扮演角色将个人特点表现出来。

（5）作品选集

作品选集是开放式的表现性评价，是学生作品的有限集合，用于展示学生的最佳作品，或者展示学生在给定时间段内的教育成长过程。作品选集并不仅仅是学生所有作品的集合，还包括判断优秀作品的标准、学生对作品的修改及对作品的自我分析与反思。

（四）电子学档评价

电子学习档案袋简称电子学档，又称电子档案袋，其是在学档的基础上发展而来的，是传统档案袋与信息技术结合的产物，具有鲜明的信息技术特色。与传统档案袋相比，电子学档具有携带方便、易于保存、修改便利、便于浏览等优势。随着信息技术的发展和普及，电子学历评价在教育教学中的研究和应用也日益广泛。本节基于多元智能理论、建构主义理论和反思性学习理论，对电子学档评价法进行阐述。

1.电子学档评价的含义

信息技术的快速发展以及在教育教学中的广泛应用，既促进了优质教学资源的共建共享，又改变了传统的教育观念和教学组织方式，有效地提高了学生的学习兴趣和积极性，加强了教师与学生之间的互动，显著改善了学习成效。信息技术应用于发展性教学评价，能使评价方式和手段更加科学有效，更有利于激发学生学习的内生动力。电子学档评价法就是随着现代信息技术发展而产生的评价工具，它展示了学生某一段时间内、某一专业领域内的发展和进步情况，是发展性评价广泛应用的一种评价方法。

美国心理学家加德纳认为，利用档案袋可以很好地评价他所提出的多元智能理论的学习历程，特别是对那些不能采用标准化测验测试的技能，如艺术类能力，因此将其引入哈佛教育学院"零点项目"。随着该项目在美国的推广，更多的学校和科目开始了解档案袋，并采用档案袋评价法来评价学生的学习。

美国的巴莱特博士给出的电子学档的定义是各类定义中得到广泛认可的一个。他认为，电子学档是学习者运用电子技术、档案开发者以各种格式（音频、视频、图片和文本等）来收集和组织学习内容和素材的方式，基于标准的电子学档运用数据库和超文本技术清晰地展现标准和目标、作品与反思之间的关系，将学习者自身成长目标、典型作业和教学反思之间的关系清晰地呈现出来。运用电子学档进行的评价称为电子学档评价。

电子学档评价法应用于高职教育发展性教学评价中，是指信息技术环境下，学习者运用信息手段表现和展示学习者在学习过程中关于学习目的、学习活动、学习成果、学习业绩、学习付出、学业进步以及关于学习过程和学习结果进行反思的有关学习的一种集合体。它的主要内容包括学习作品、学习参与、学习选择、学习策略、学习自省等材料，由学习者本人在教师或同学的协助下完成，档案的内容和标准选择等必须体现学习者的参与。这种评价方法是对教育教学过程进行的真实性评价，关注评价发展性、反思性功能的一种有效的质性评价方式，注重给每个学生表现的机会，注重学生的多元智能，重视评价的情景性，记录学生学习成长的过程，注重学生在学习过程中的反思并强化反思。它所汇集的是学习者在某一学习阶段或基于任务的学习活动中几乎全部的学习成果和作品，其目的不是鉴别选拔，而是发现每一个学生独特的智能特点，发展其优势智能并促进优势智能向弱势智能迁移，从而促进学生的全面发展。

2.电子学档的特征

使用电子学档进行评价，学习者可以感受进步、不断反思，在不断回顾作品的过程中获得发展，提高学习能力。电子学档评价重视学生的个体差异，发挥学生的主体作用，注重学生的发展，发现学生的潜能及特长，符合高职院校学生的特质。电子学档具有以下特征：

（1）便利性

传统的学习档案多是纸质资料，不便于保存、查阅和备份，为信息的收集和管理带来了较大的不便。电子学档运用现代信息技术完成资料的收集和整理，储存管理方便，易于信息的保存和备份。

（2）开放性

学习者可以借助信息技术将自己的电子学档上传到学校网站、个人社交网站等公开性网络空间，与同学、老师、家长共同分享，为老师指导和同学间相互评价提供了很大的方便。

（3）真实性

电子学档记录了学生的学习、思考和成长过程，为学生保存了大量详细而真实的资料。它像一面镜子，真实地展现了学生在知识、能力、素养等方面的进步和发展，使学习者看到自己的发展轨迹，反思自己的学习效果，促进对学习进程和方法的调整。

（4）创新性

电子学档是以学习者为中心的新型教学模式的产物，它以建构主义学习理论为指导，提倡学生通过对外界的认知主动构建自己的知识结构。电子学档鼓励学生自主探究、自己搜集和筛选作品，学习者可灵活设计和布局自己的电子学档，筛选利于展现自身优势和个性的作品来构建学档，有利于培养学生的创新精神。

（5）激励性

实践表明，电子学档能有效地提高学生的学习积极性，学生在收集、筛选资料时，获得了极大的成就感和满足感，进一步激发了学生学习探究的兴趣。学习者可以对自己的学习过程进行反思，促使学习者乐于深度学习、探究知识，正确审视学习目标，主动完成学习任务。

（6）过程性

电子学档能够让学习者在设计、制作、完善档案资料的过程中，实时觉察个人在知识积累、能力培养、素养提高等方面的进步。它收集了学习者在学习过程中的学习活动信息、学习成果、学习业绩、学习付出信息以及关于学习过程和学习结果反思的有关信息。这些信息很好地展示了学习者知识和认知过程的发展变化，为实施过程性评价提供了依据和支撑。

3. 电子学档的内容

从发展性评价要求出发，电子学档的内容至少应该包括学生信息、学习依据、学习记录、学习成果、学习反思等方面。但是由于电子学档评价的目的、对象、功能等各不相同，所以内容也不尽相同。高职教育中，用来实施发展性评价的电子学档内容通常包括以下内容：

（1）学生信息。学生信息是指学生的姓名、学号、专业、年级、个人爱好等基本信息，不拘一格，教师给出基本要求，由学生自行完成。

（2）学习目标。根据学生的学习基础和课程目标，由教师和学生共同制定个性化的学习目标。

（3）学习任务。由教师根据课程学习目标和课程内容设计，描述不同的学习任务以及对知识、能力、素质的要求。

（4）作品选择。教师和学生共同决定选择哪些类型的作品，如设计文案、美术作品、实训报告等，要能展现学习者的学习成效和进步水平。

（5）学习记录。由学生根据个人具体情况，采用多种形式记录学习过程。

（6）评价标准。由学生和老师协商决定。

（7）评价反馈。评价包括教师的评价、学生自评和学生互评，评价结果可以是评语、等级、分数等。

（8）自我反思。学生通过自评和他评，不只对学档中单个作品进行评价和反思，更重要的是对整个学习过程进行评价和反思。

4. 电子学档评价的功能

电子学档记录了学生完整的成长过程，帮助学生通过反思学习过程，发现并及时调整出现的问题，使学生发现自己的进步，有利于学生的成长。

（1）电子学档评价帮助学生养成反思思维

建构主义者认为，学习者的学习过程是自我知识体系建构的过程。在学习过程中，学习者是知识的主动建构者，要求学习者在自己的活动过程中不断地进行概括、感悟和反思。因而，反思是学生自我知识体系建构过程中的重要阶段。美国著名教育家杜威认为，在教育教学中，应将培养学习者的反思性思维作为教育目的。国内外研究表明，学生通过收集和整理电子学档，可以更好地对学习内容和目标进行反思，这种评价方法能帮助学生分析自己的学习动机，评价自己的学习策略，促进学生之间积极合作学习，并能直观地看到学习者的进步。

（2）电子学档评价提高学生的学习能力

学习能力就是学习的方法与技巧，有了学习的方法与技巧，学习到知识后，就能形成专业知识和专业能力。学习能力是所有能力的基础，一般包括学习专注力、学习成就感、自信心、思维灵活度、独立性和反思力。电子学档评价是过程性评价，对学生在学习过程中的知识建构能力、问题探究能力、问题解决能力、反思能力和协作能力具有很大的促进作用，有利于培养学生的学习能力。评价时，教师提出基本要求之后，学生将自主进行搜集素材、筛选上传作品、相互评价和进行反思等一系列活动，在活动中充分调动了每个学生的学习积极性，不断提高自我求知、做事、发展的能力。

（3）电子学档评价促进学生的全面发展

电子学档评价注重学生的多元智能，给每个学生表现的机会，记录学生学习成长的过程。它所汇集的是学习者在某一学习阶段或基于任务的学习活动中几乎全部的学习成果和作品，其目的不是鉴别选拔，而是发现每一个学生独特的智能特点，发展其优势智能并促进优势智能向弱势智能转移，从而促进学生的全面发展。

5. 电子学档的类型

根据电子学档的使用目的、针对对象的不同，可以把电子学档分为目标型学档、过程型学档、展示型学档和评估型学档。

（1）目标型学档

目标型学档是在教师确定的主题下，学生独自确立学档内所收集的作品、行为记录及成绩等材料，独自完成学习过程的信息记录，独自收集学习信息建立起来的。其主要是培养学生制订计划和选择目标的能力，培养学生自我监控和反思能力。

（2）过程型学档

过程型学档通常要体现学生的学习过程，记录学生在学习过程中所取得的成绩、学生作品的产生过程及学生对作品的反思。过程型学档更关注学习的过程，记录学生作品产生的过程。它收集的内容通常根据学习目标和学生的学习状态确定。

（3）展示型学档

展示型学档也称为最佳成果学档，通常收集学生最好的或者最喜欢的作品，向他人展示在某一段时间内在某个方面取得的成果。通过成果展示，给每个学生提供了展示自我的机会，有利于增强学生的自信心和学习的积极性。

（4）评估型学档

评估型学档主要用来收集学生在某一学习领域的学习事实，系统地评价学生的学习，并将评价结果反馈给家长或学校，评价结果也将作为学生的学业成绩。

第二节　高职学生发展性评价调查分析

党和国家高度重视职业教育的人才培养质量，建立健全职业教育质量评价制度、体系和机制，是构建现代职业教育体系的关键环节和重要任务。本节进行高职教育学生发展性评价调查研究，在分析学生和教师数据的基础上，提出实施发展性评价的建议，以激发高职学生发展的内在潜力和态度，助力学生成长成才，有效地推进高职教育的高质量发展。在开展高职学生发展性评价调查分析前有必要了解相关的基础知识。

一、高职学生发展性评价的要义

党和国家领导人在全国教育大会上的重要讲话为新时代高职教育改革发展提供了根本遵循。对学生实施发展性教学评价时要遵循正确的价值取向，坚持立德树人、促进学生发展、服务高质量就业，坚持"尺有所短，寸有所长"，以人为本，充分发挥学生的潜能，帮助学生正确认识自己，定位自己，实现自我的最大增值。

（一）评价坚持立德树人

立德树人是高职教育的根本任务，要立足于为谁培养人、培养什么人、怎样培养人这些根本问题，培养德智体美劳全面发展的社会主义建设者和接班人。高职学生评价主要面向人，坚持高素质技术技能人才的培养定位，将思想政治工作贯穿教育教学评价全过程。

评价要增强德育的针对性和实效性，把社会主义核心价值观融入评价体系，引导学生增强中国特色社会主义道路自信、理论自信、制度自信、文化自信。重塑劳动教育观，让劳动教育成为一种价值召唤，将劳动教育纳入评价体系，推进劳动教育与专业课相结合，培养学生的劳动意识和劳动精神。让更多青年凭借一技之长实现人生价值，让三百六十行，行行出状元。

（二）评价基于科学发展观

科学发展观是马克思主义中国化的成果，其核心是以人为本。以科学发展观来解读职业教育学生能力的认定问题，关键在于如何以人为本对能力进行整体评价。基于科学发展观的评价应该是以人为本的整体性评价观。其核心问题是评价目标的取向，在确定评价目标的基础上，选择结果性评价还是过程性评价、同一性评价还是特质性评价、终结性评价还是发展性评价。同时，在评价模式的选择上，要坚持对职业工作过程完整性的把握、要着眼于学生能力发展的渐进过程、要注重评价师生之间的互动、要将职业教育的特殊规律与教育的普适规律进行跨界结合。

（三）评价促进学生的全面发展

爱因斯坦说过，"唯有当一个人忘掉他在学校所学的知识，剩下的才是教育"。也就是说，教育提供给学习者的不仅仅是知识，更重要的是知识以外的情感陶冶和价值观的升华。教育的重点不仅仅是智力的培养和知识的灌输，更重要的是人的自我成长。教育与人的发展是息息相关的，因此，评价学生也应以促进学生发现自我的价值、发挥潜能、促进学生的自我实现为导向。发展性评价是有目的地促进学生更全面地发展的一种教育途径。人的发展有两种不同的含义：一种是把它与物种发展史联系起来，将它看成是人类在地球上出现及进化的过程；另一种则是把它与个体的发展联系，将它视为人类个体的成长和变化的过程。在确定教学评价的价值取向时，不能偏离"促进人的发展"这一根本目的。也就是说，评价应该具有发展性，而非让学生个体的发展受到挫折或被扭曲。就学生的发展来说，评价更应是一种促进学生发展的动力。每个学生都是不断成长、不断发展的个体，每个学生的学习方式、学习进度各不相同，发展性教学评价更关注学习过程的评价，注重发现学习过程中出现的困惑或疑问，并指导和帮助学生找到适合自己的学习方法，不断提高他们发现问题、面对问题、解决问题的能力。评价的最终目的是促进学生的发展与进步，不同的评价方式所产生的结果是不尽相同的，不恰当的评价不但对学生无益，反倒成为他们学习进步过程中的绊脚石。发展性评价不再将对学生的评价局限于成绩方面，而更关注学生的发展，从理解的角度去评价学生，让教师成为学生的良师益友。只有多一分理解与沟通，教师和学生之间才能建立起良好的师生关系，如此才能进行更有效且能促进学生发展的教学评价。在实施发展性教学评价过程中，师生沟通是一个不可忽视的环节，良好的师生互动是取得良好学习成效的前提，教师和学生之间亦师亦友、互相信任、互相支持、互相尊重，有助于课堂教学和评价效果的提升。教师要从理解学生的视角出发，对学生进行全面的引导，使之能更好地理解自己和他人，从而获得较好的发展。

（四）评价服务高质量就业

职业教育是跨界的教育，不仅跨越了职业与教育的视域，而且跨越了企业和学校的境域，还跨越了工作与学习的界域。高等职业院校要主动适应经济和社会的发展需要，以就业为导向确定办学目标，找准学校在区域经济和行业发展中的位置，加大人才培养模式的改革力度，坚持培养面向生产、建设、管理、服务第一线需要的"下得去、留得住、用得上"的人才，实践能力强、具有良好职业道德的高技能人才。因此，高职教育教学评价要以促进高质量就业为导向，综合评价学习者的职业道德、技术技能水平。完善行业企业专家、教师、学生、家长等共同参与的评价机制，使不同性格禀赋、兴趣特长、素质潜力的学生享有更高质量的就业渠道和更畅通的学业提升通道。

（五）评价促进人人出才

美国心理学家威普詹姆士认为，人性最深的原则就是希望别人对自己加以赏识。陶行知指出，教育孩子的全部秘密在于相信孩子和解放孩子。在人的发展过程中，本质的需求是得到尊重、认同、理解和赏识，这是人成长过程中一种推动成长和发展的力量。

每个学生都有自己不同于他人的亮点，评价要善于发现每个学生的亮点，同时引导学生发现自身的亮点进而转化为实际的行为，提高学生的学习信心。同时，还要注意承认差异、允许失败，符合生命成长规律的教育。教师要充分肯定每个学生都有优点，营造和谐的学习氛围，激发学生学习热情，增进学习的效能，使学生更自觉地融入学习，为学生提供更多进步的空间与机会，协助学生找到自信，开启成功之门，形成人人皆可成才，尽展其才的良好局面。

二、发展性教学评价的作用

云计算、物联网、大数据、智能化已经成为公共技术，并且以前所未有的规模和速度影响着传统职业的生存和发展。随着"云物大智"技术的普及推广，未来的传统岗位将被新业态和新岗位取代。在这种背景下，"新职教"应运而生，职业教育面临着重新定义和如何重新定义的考验。因此，职业院校亟待在"新职教"框架下，深入研究劳动岗位和职业标准所发生的变化，创新人才评价模式，适应产业转型升级对技术技能型人才需求的变化。传统的教学评价所采用的形式主要是泰勒的目标达成模式，关注的是目标达成度，而发展性教学评价更加关注非预期的生成目标和效果，使学习者更好、更快地成长和发展。

（一）教学评价具有诊断作用

对教学效果进行评价，可以了解教学各方面的情况，从而判断它的质量和水平、成效和缺陷。全面客观的评价工作不仅能估计学生的成绩在多大程度上实现了教学目标，而且能解释成绩不良的原因，并找出主要原因。可见教学评价如同身体检查，是对教学进行一次严谨的科学诊断。

（二）教学评价具有激励作用

评价对教师和学生具有监督和强化作用。通过评价能反映出教师的教学效果和学生的学习成效。经验和研究表明，在一定的限度内，经常进行记录成绩的测验对学生的学习动机具有很大的激发作用，可以有效地推动课堂学习。

（三）教学评价具有调节作用

评价发出的信息可以使师生知道自己的教和学的情况，教师和学生可以根据反馈信息修订计划，调整教学的行为，从而有效地工作以达到所规定的目标，这就是评价所发挥的调节作用。

（四）教学评价具有教学作用

评价本身也是一种教学活动，在这个活动中，学生的知识、技能、素质将获得长进，智力和品德也有进展。

三、教学评价的功能

功能是事物本身具有"能做什么"的能力。教育教学评价的功能主要有导向功能、鉴定功能、反馈功能、决策功能、激励功能。

（一）导向功能

任何教学活动总是围绕着特定的培养目标而展开的，教学评价起着检验教学效果和学习成效的作用。一般来说，教学评价的导向功能包括对学校教学管理的导向功能、对教师教学的导向功能、对学生学习的导向功能。在评价过程中，把师生活动分解成若干部分，并制定出评价标准。根据这些标准判定师生的活动是否偏离了正确的教学轨道，偏离了教育方针和教学目标，是否全面地完成了各科教学大纲规定的目的和任务，从而保证教学始终沿着正确的方向发展。

（二）鉴定功能

教学评价的鉴定功能简单来说就是通过教学评价对教学活动优劣进行甄别，也就是评价教与学是否达到目标，并对其优劣程度、水平高低进行鉴定。早期的评价是以鉴定功能为主的，如泰勒的"行为目标模式"就是鉴定实际教学达到预设目标的程度。鉴定功能的发挥取决于评价内容和评价标准的可靠程度。鉴定可以归纳为三类，即水平鉴定、评优鉴定和资格鉴定。

（三）反馈功能

教学评价的反馈功能是通过一定手段的测评，发现教学中的问题，从而客观、科学地评价与指导教学改进。反馈信息在教学中具有重要的调节作用，只有通过反馈信息来调节行为，才有可能达到一定的目标。教师获得评价的反馈信息，能及时地了解自己的教学方法和教学过程组织中的某些不足，诊断出学生在学习上存在的问题与困难，调节自己的教学工作。学生获得反馈信息，能加深对自己当前学习状况的了解，确定适合自己的学习目标，从而调整自己的学习。此外，其还能起到激发学生学习动机的作用。教学评价的反馈功能可分为三类，即教学活动前的诊断性评价、教学活动中的形成性评价、教学活动后的终结性评价。

（四）决策功能

科学的教学评价是教学工作决策的基础，只有对教学工作有全面和准确的了解，才能做出正确的决策。美国教育部在 1981 年组织了一次历经 18 个月的教育评价活动，发现由于学校课程平淡，学生学习时间短，教学质量下降，培养出了越来越多的庸才。这样的评价结果在美国引起了强烈反响，有 50 个州对学校的教学进行了决策，提高教学要求，延长学生学习时间，改革课程设置、教学内容和方法，有计划地培训教师，提高教师水平。实践表明，任何科学的教学决策都是建立在教学评价提供的具有说服力的评价结果基础上的。

（五）激励功能

教学评价的激励功能是指具有激发评价对象行为动机，使评价对象为实现预期目标而不断进取的内在动力的效能。正当的竞争是使人奋进、发展、创新的动力，可以使院校之间、专业之间、课程之间、部门之间主动进行比较，自我反思，客观地认知其优势和弱势，了解差距，明确改革方向，制定对策，参与竞争，创造佳绩。其激励功能包括对教师的激励和对学生的激励两个方面。

四、教学评价的分类

（一）根据评价发挥作用的不同分类

根据评价在教学活动中发挥作用的不同，可把教学评价分为诊断性评价、形成性评价和总结性评价三种类型。

1. 诊断性评价

诊断性评价是指在教学活动开始前，对评价对象的学习准备程度做出鉴定，以便采取相应措施使教学计划顺利、有效实施而进行的测定性评价。诊断性评价的实施时间，一般在课程、学期、学年开始或教学过程中需要的时候。其作用主要有两个：确定学生的学习准备程度和适当安置学生。

2. 形成性评价

形成性评价是在教学过程中，为调节和完善教学活动，保证教学目标得以实现而进行的确定学生学习成果的评价。形成性评价的主要目的是改进、完善教学过程。首先，确定形成性学习单元的目标和内容，分析其包含要点和各要点的层次关系；其次，实施形成性测试，测试包括所测单元的所有重点，测试进行后教师要及时分析结果，同学生一起改进、巩固教学；最后，实施平行性测试，目的是对学生所学知识加以复习巩固，确保学生掌握应学知识并为后期学习奠定基础。

3. 总结性评价

总结性评价是以预先设定的教学目标为基准，对评价对象达成目标的程度即教学效果做出评价。总结性评价注重考查学生掌握某门学科的整体程度，概括水平较高，测验内容范围较广，常在学期中或学期末进行，次数较少。

（二）根据评价标准的不同分类

根据评价所运用的方法和标准的不同，可把教学评价分为相对性评价、绝对性评价和个体内差异评价。

1. 相对性评价

相对评价法是从评价对象集合中选取一个或若干个对象作为基准，将余者与基准做比较，排出名次、比较优劣的评价法。相对评价法便于学生在相互比较中判断自己的位置，激发竞争意识。

2. 绝对性评价

绝对评价设定评价对象以外的客观标准，考察教学目标是否达成，可以促使学生有的放矢，主动学习，并根据评价结果及时发现差距，调整自我，具有明显的教育意义。

3. 个体内差异评价

个体内差异评价是指以学生自身的实际状况为基准，就学生自身的发展情况进行纵向比较而做出价值判断的过程。它既可以把评价对象的过去和现状进行比较，又可以把自身不同侧面进行比较，发现个人的进步，增加学生的自信心，促进评价对象的发展。

五、调研背景

高职教育是我国现代教育体系中的重要一环，截至 2018 年，我国有职业院校 1.17 万所，年招生 928.24 万人，在校生达到 2685.54 万人。其中，高职（专科）院校招生和在校生分别占高等教育的 46.63%、40.05%。2018 年全国 1418 所高职院校共开设 770 个专业，覆盖了国民经济的各个领域，高职院校已占我国高等教育的"半壁江山"，为我国经济社会的发展培养了大批技术技能型人才。发展性教育评价是通过过程性评价和形成性评价对学生实施综合素质评价，形成素养、知识与能力并重的多元综合评价。高职学生发展性教学评价研究从 2007 年开始逐渐增加，经过 10 多年的探索，高职发展性教学评价的基本理念已经确立，评价体系得到了一定的发展。但是，对促进高职学生成长成才的教学评价的内容、方法、成效、模式的研究尚处于空白阶段。随着以人为本的素质教育理念的不断推广，传统的教学评价弊端已引起国内教育界的普遍关注与担忧。

（一）传统教学评价的目的过多强调学业成就的获取，不利于激发学生成长成才的内在潜力和态度

受传统学科式教学评价的影响，高职教育教学评价的目的主要是强调学生的学业成就，

以课程考试成绩的终结性评价为主体，但对学生的情感、意志、态度和创新个性的培养没有发挥有效的鼓励、促进和调控作用。

（二）传统教学评价的内容重知识技能轻综合素养，不利于高职学生全面发展

高职教育经历了"重知识、轻技能"到"重技能、轻知识"的演变，当前国家倡导职业教育要"服务人的全面发展和促进就业能力提升"，但传统高职教学评价的内容仍然重知识技能轻综合素养，尤其对创新能力、探究能力、合作能力等评价不足。

（三）传统教学评价的标准单一，评价方式重结果轻过程，不利于高职学生的个性化发展

招生制度改革使高职院校的生源结构呈现出多元化特征，学生的入学水平差异较大，传统教学评价用一把"尺子"评价所有学生，而且过于强调量化指标，重结果、轻过程，忽视对健全学生人格起重要作用的意识、精神和行为表现等因素，不利于学生的个性发展。

因此，对高职学生的评价，不能单纯地用学习成绩评判优劣，根据多元智能理论，应该用多把"尺子"衡量学生，树立正确的人才观，使人人皆可成才、人人尽展其才，努力让每个人都有人生出彩的机会。

六、调研对象

本次调研以山东省高职院校为例，从高职学校专任教师和学生两个维度进行调研，其中，教师共获得数据 212 份，学生共获得数据 2428 份。问卷通过问卷星发放和回收。

七、高职教育发展性评价调查分析

通过问卷调查，从不同视角把握教师和学生对创新教学评价的态度、学生容易接受的课程评价结果、学生全程参与课程评价的态度、更能发挥学生各项潜能的评价方式、课程的教学评价应关注的要素、有助于激发学生学习动机的评价方式、通过评价达到的目的等七个方面的数据信息。

（一）教师和学生对创新教学评价的态度

由于高职院校生源多元化、能力培养目标不够明确、实践教学条件薄弱等原因，学生学习兴趣不高、学习态度不够端正、没有养成良好的学习习惯。传统"一刀切"的评价方式显然不适用于高职学生，亟待改变。

调研数据显示，90.24% 的学生和 95.75% 的教师都愿意创新教学评价模式，且教师的愿望更强烈。只有 1.89% 的学生和 1.77% 的教师持反对态度。由此得出结论，进入新时代，要加快发展更高质量、更加公平、更具个性的职业教育，培养更多的大国工匠和数以亿计的工程师、高级技工、高素质职业人才，高职教育必须不断创新评价模式，用发展的眼光

去认识学生，为学生提供全面发展的空间。

（二）学生全程参与课程评价的态度

传统教学评价主体单一，评价结果主要由教师决定，缺少学生参与教学过程的要素，不利于调动学生的学习积极性。对学生全程参与课程评价的态度，学生和教师的态度调查结果比较如图 4-1-1 和 4-1-2 所示。

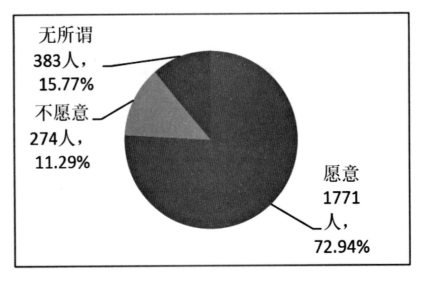

图 4-1-1 学生数据

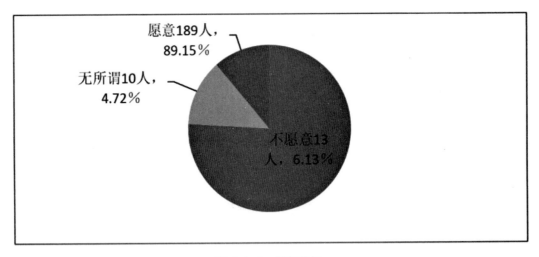

图 4-1-2 教师数据

从图 4-1 可以看出，有 1771 人愿意参与评价过程，占调研人数的 72.94%，只有 11.29% 的学生不愿意参与，另有 15.77% 的学生认为无所谓。对于教师而言，有 189 人愿意邀请学生全程参与课程评价，占调研人数的 89.15%，只有 13 人不愿意学生参与课程评价，占调研人数的 6.13%。可见，无论是学生还是教师，都认识到了学生参与课程评价的重要性，这也是鼓励学生积极主动地参与教育教学过程的重要环节，使评价主体多元化，评价结果信息多样化，从不同视角和不同层面看待每一个学生，用多把"尺子"衡量学生。

（三）更能发挥学生各项潜能的评价方式

传统教学评价过多强调结果性评价，不利于激发高职学生的能力和内在潜力。调研发现，高职院校教师在教学过程中已经开始使用形式多样的评价方式，也取得了一定成效。学生认为更能发挥个人潜能的评价方式前三位的是表现性评价、过程性评价和即时评价，分别占 58.65%、56.26% 和 53.75%。对于教师而言，排在前三位的是过程性评价、即时性评价和表现性评价，分别占 73.11%、71.23% 和 62.74%，和学生的观点基本相同。分析表明，过程性评价、即时性评价和表现性评价都伴随着学生的学习过程，有助于发挥学生的各项潜能。重视学生学习过程的评价符合建构主义教学观，坚持以知识建构过程为核心，强调教学和学习方法的多样性和个性化。

（四）课程的教学评价应关注的要素

高职教育的人才培养目标决定了评价内容必须关注学生的全面发展，注重培养学生的专业技能和职业素养，而不能仅限于评价理论知识。学生认为教学评价应该关注的要素排在前三位的是专业技能、职业素养和与人合作能力，分别占到 80.89%、74.18% 和 69.6%。教师的观点排在前三位的是专业技能、职业素养和学习能力提升，分别占到 86.79%、81.13% 和 76.89%。分析说明，随着职业教育课程改革的持续深化，教师和学生越来越重视专业能力、职业素养、学习能力和关键能力的培养与锻炼，从而为学生的高质量就业和全面发展打好基础。

（五）有助于激发学生学习动机的评价方式

考试招生制度改革使高职教育生源多元化，"知识＋技能"的考试评价方法使学生的入学水平差异较大。对学生的评价方式要因人而异，激发学生的学习动机，营造人人皆可成才的良好环境。

学生认为有助于激发学习动机的评价方式排名依次为重视学习过程评价、制定学习目标并查找差距、公开评价标准和重视自我评价，分别占 67.22%、63.8%、61.82% 和 55.81%。对于教师而言，排名依次为重视学习过程评价、公开评价标准、制定学习目标并查找差距和重视自我评价，分别占 84.91%、73.11%、71.7% 和 62.26%。分析表明，在高职教育的教学评价中，重视学习过程评价已经被放到了极其重要的位置，符合发展性理论的观点。发展性评价强调以人为本的思想，关注发展过程，关注个性化差异，适合高职学生的特点，有助于学生的成长成才。

（六）通过评价达到的目的

传统的教学评价过于强调甄别与选拔功能，面向少数，忽视多数，不利于学生发展。通过实施发展性评价，以"促进学生成长成才"为评价目标，为促进学生全面发展提供路径。

76.19% 的学生希望通过评价监督和激励自己，74.75% 的学生希望通过评价提高学习能力，59.68% 的学生希望通过评价显示自己的能力，只有 45.84% 的学生希望通过评价进行选拔。而对于教师而言，84.43% 的教师希望通过评价提高学生的学习能力，82.08% 的教师希望学生通过评价监督和激励自己，64.62% 的教师希望评价能显示学生的个人能力，另有 52.83% 的教师希望通过评价选拔学生。分析表明，大部分学生和教师希望通过评价监督和激励学生，并提高学生的学习能力，这也正是发展性评价的目的，能有效地促进学生的全面发展。

（七）课程评价结果的呈现形式

传统教学评价的呈现形式以分数为主，重分数、轻成长，不足以反映每一个学生的真实潜能，不符合高职生源多元化的特点。实施发展性教学评价，把评价过程融入学习过程，实现"人人有增量，人人有进步"。

有 79.65% 的学生希望课程评价合格，能获得本门课程的结业证书，有 73.81% 的学生希望获得个人发展趋势图，有 55.31% 的学生希望保留课程作品，只有 15.77% 的学生认为一个分数即可。对于教师来说，81.13% 的教师希望学生评价合格后提交课程作品，73.11% 的教师愿意为学生提供个人发展趋势图，67.92% 的教师愿意为学生制作个性化的课程结业证书，只有 16.51% 的教师认为一个分数即可。分析说明，学生和教师对评价的效果已经有了更加深刻的认识，不再局限于分数，而更趋向于能显示学生进步的个人发展趋势图、课程结业证书、课程作品。这些丰富的呈现形式坚持教学评价导向性与激励性结合、主体性与多角度结合、差异性与客观性结合的原则，有助于成就每个高职学生的出彩人生。

第三节　高职学生发展性评价的建议与对策

高职院校的教师和管理人员越来越认识到，职业教育改革的成效如何，关键在于高职学生是否真正得到了发展，而高职生获得自由、充分、全面的发展，关键在于改革传统的学生评价制度，使其真正以"促进学生发展为本"。作为现代职业教育评价的最新理论，学生发展评价是促进职业教育发展的重要环节。对高职学生的发展性评价可以帮助学生重新认识自己，建立并增强自信心，明确选择和努力的方向，并鼓励学生在原有水平的基础上继续发展。

通过对高职院校学生和教师进行广泛调研和数据分析，深入研究高职教育发展性教学评价的相关问题，对高职教育实施发展性评价给出以下建议：

一、评价主体多元化，发挥学生的主体作用

评价主体多元化是指打破传统教学评价主体以教师为主，过多地强调甄别与选拔功能的限制，综合运用学生的自我评价、互相评价、小组评价等形式。同时，重视行业、企业

的评价，为学生营造良好的职场文化环境。从调查结果可以看出，教师和学生都愿意学生全程参与到课程的评价过程中，高职教育应充分发挥学生在教学和评价过程中的主体作用，激发学生的学习动机，调动学生学习的积极性。

二、评价标准多元化，促进学生的个性化发展

职业院校学生生源结构呈现多元化特征，学生的入学水平差异较大，传统教学评价用一把"尺子"评价所有学生，而且重结果、轻过程，没有实时监测学生的发展和进步，不利于学生个性化发展。高职教育应研究学生的特性，和学生共同协商制定评价标准，评价标准因人而异，重点关注学生的进步和取得的成就，成就每个高职学生的出彩人生。

发展性评价方式很多，如即时评估、绩效评估、行动评估、观察评估、存档评估等。在高职学生日常评价实践中，对课后作业、考试、学习表现档案等方面进行评价，并结合定量评价和定性评价，让他们在面对真正的学习任务和问题时能分析和解决问题。

学生的学习过程是一个复杂的体验过程，需要鼓励、支持和促进。在日常教学中，如果学生回答问题正确或发表不同的见解，针对高职生的即时性表现，教师要采取积极的即时性评价，让他们感受到肯定和欣赏，从而获得成功的喜悦和继续进步的渴望，但在某些特殊情况下，对理解能力比较差的学生，需要充分运用延迟性评价，给他们一个自由的空间，当他们能达到理解的程度时，再给予评价。对于回答问题错误的学生，不要轻易否定，尽可能地包容学生不正确的回答，以保护高职生的求知欲和学习的积极性，教师要留给学生继续思考和回味的空间，发现和肯定每个学生的闪光点，可以使所有学生都能获得成功感。

每个高职生都是一个特殊的个体，都有自己的学习基础、学习水平、学习能力、学习风格。教师从学生入学立即评估职业学生的日常生活学习，即他们具有激励性、包容性、促进性和延迟性。学生对生活和学习会越来越积极、乐观。通过每期的档案我们可以看到高职生从进校时的迷茫、彷徨、失落，慢慢开始发生变化；学生的主体意识开始加强，综合素质开始提高，开始关注自己的人格品质、特征和自己的发展潜能。发展性评价帮助高职生谋求未来的发展，促进他们主动、积极地发展，以提高自己的人生价值。

三、评价方式多元化，树立学生发展的自信心

目前大部分高职院校仍未实现教学评价与信息技术的充分融合，课堂考勤、随堂测试、实践考核等环节依然依靠纸质评价完成，没有充分利用信息化手段实时生成教学过程中的评价数据，不利于构建"人人可学，处处能学"的学习型社会。高职教育应进行信息化背景下评价策略研究，坚持线上评价与线下评价相结合、定量与定性评价相结合、过程评价与结果评价相结合，采用即时性评价、表现性评价、电子学档评价等，建立学生发展的自信心。

四、评价内容多元化，服务学生全面发展

传统教学评价内容缺少对职业素养、职业能力、综合素质、工匠精神等的评价。高职教育应在重新界定新时代育人目标的基础上，坚持评价内容综合化，即能力评价和素质评价并重，全面发展评价和个性发展评价并重，增值评价和学习成效评价并重，服务学生全面发展。

综上所述，对高职生进行发展性评价，是促进高职学生全面发展、终身发展的重要评价体系。它能满足高职生弘扬个性的需求，体现"以人为本"的教育理念，以提高教育的针对性和实效性。对高职生进行发展性评价的过程，实际上也是教师自我反思，自我进步的过程，"以评价促改，以评促发展"。所以，对高职生进行发展性评价具有十分的重要性和必要性。

第五章 产教融合背景下高职院校学生发展的实施路径

我国的高等职业教育每年为企业输送大量技术技能型人才。在企业从劳动密集型向技术密集型升级转型的今天,高职院校如何有效地培养学生的全面发展能力显得至关重要。高职院校与企业合作,推进产教融合项目是学生全面发展培养的有效途径。

第一节 产教融合背景下高职院校学生核心能力的培养方法

习近平总书记于2017年党的十九大指出"要完善职业教育和培训体系,深化产教融合、校企合作"。同年,国务院办公厅正式印发《关于深化产教融合的若干意见》(简称"意见")。《意见》的制定是落实党中央、国务院关于教育和人才改革发展重大决策部署的重要行动。中国的发展进入了新常态期,需要大量的实践性、创新性人才。深化产教融合是高校提高人才培养质量的重要举措。

高职教育是中国高等教育的重要组成部分,每年为我国输送大量的实践性人才,为我国的经济发展做出了巨大贡献。相比本科院校,高职院校与企业的关系更为紧密。因此,高职院校推动深化产教融合,更好为培养学生实践、创新等核心能力服务具有得天独厚的优势。本节探讨了产教融合视角下高职院校学生核心能力培养的方法。

一、目前高职院校学生核心能力培养存在的问题

(一)对高职院校学生核心能力的认识存在偏颇

目前,很多高职院校对于学生的核心能力认识存在一定的偏颇,还没有理顺究竟什么是学生的核心能力。这将造成学校在制订人才培养方案,构建课程体系,制定培养方法上存在缺陷。相当一部分高职院校片面地认为高职院校的功能是培养学生的动手实践能力,忽略了学生的创新能力、职业素养等的培养。甚至在培养的过程中,学生只是根据老师的指导依葫芦画瓢,完成相应的任务,忽略了学生发现问题、分析问题、解决问题的自主学习能力。学校看似完成了既定的培养目标,殊不知这样培养出的学生和企业用人标准之间还存在一定的差距。

（二）具体的培养方法有待改进

俗话说"十年树木，百年树人"，对学生的培养尤为如此。在学生核心能力的培养过程中，培养方法尤为重要。目前，高职院校在学生培养方面还深受中国传统教育的影响。有的高职院校在理论知识讲授方面还是采用填鸭式的教学方式；在学生动手实践能力培养方面，部分高职院校只是单一地采用整周实训＋企业顶岗的方式。有的高校开展的理实一体化课程也只是把授课地点从教室搬到了实训室。在培养的过程中，高职院校还只是片面地强调理论知识和实践能力的培养，忽略了学生创新能力、职业素养的培养，所以采用的教学手段和方法并不能很好地为学生核心能力的培养服务。

（三）缺乏能培养学生核心能力的优秀教师

现代职业教育缺乏具有产教融合能力的教师。要培养学生的核心能力，教师的地位至关重要。如果教师本身的专业技能水平不高，教学理念、教学方法跟不上时代的发展，学生核心能力的培养也就无从谈起。目前，很多教师从高校毕业后直接进入高职院校任教，自身并没有企业工作经验，虽然高校也出台了相应的政策，鼓励教师下企业实践，并取得"双师"证书，但核心能力的培养是一个系统工程，高职院校教师通过短期下企业实践取得的"双师"头衔，在缺乏统一的评定标准情况下，含金量有待进一步考证。

（四）企业参与学生核心能力培养力度不够

学生毕业后最终的工作地点在企业，企业要能够招收到优秀的工人，需要把自己的诉求、文化等渗透进学校。目前，大部分高职院校开始推进产教融合项目，与企业合作培养人才，往往这样的合作仅浮于表面。企业与学校合作参与学生核心能力的培养力度不够，部分学校在制定人才培养方案、课程标准等的时候也仅仅是聘请部分企业工作人员开个论证会，在学生培养上也只是强调学生动手能力。如何把企业文化、学生素养、创新能力等通过企业载体传授给学生的企业，高校应进一步深入探讨和实证。

（五）学生核心能力的评价标准不完善

学生核心能力的评价在一定程度上是一个模糊的概念，很难和一些理论考试课一样，能通过试卷给出一个客观的分数。国内各个高职院校对学生核心能力的认识不同，导致评价标准也不相同，如有的学校认为学生完成了专业课程的考试和教学计划内的实践课程，学生就掌握了相应的核心能力；有些院校认为强调学生取得某些专业上的技能证书，同一专业、不同学校对技能证书的取得要求也不一样。这些技能证书哪些能客观反映学生的核心能力、哪些不能，不同学校之间也没有形成统一的意见。

（六）政府没能很好地在企业与高校之间架起合作的桥梁

高职院校与企业的合作，大多数情况是高职院校邀请企业相关人员参与人才培养方案、课程标准的制定，校企合作教材的编写，或是外聘企业工程师进入课堂教学；也有一部分情况是企业主动上门找高职院校进行订单班培养等。政府没能在高职院校和企业合作之间起到很好的引导、润滑作用。

二、产教融合视域下高职学生核心能力的培养方法

高职院校培养的学生，最终要为企业所用。这就要求高职院校很好地与企业合作，促进高校、企业产教深度融合，只有这样才能更好地培养能为企业所用的核心能力。

（一）正确认识产教融合对于学生核心能力培养的作用

第一，学校领导层、教师需要正确认识推进高职院校、企业产教深度融合对学生核心能力培养的重要性。通过改变传统思路，把学校领导、教师与企业经营管理者结合起来，形成整体，促进产教深度融合。同时，通过产教融合，优化师资力量、实验实训条件等，使学生核心能力的培养更具针对性。

第二，学校要出台相应的政策、制度保障产教深度融合项目的顺利进行，努力走向产教融合的特色办学之路，全面提升学生核心能力培养的力度。

第三，高职院校要投入一定的资金，鼓励二级学院、相关职能部门、教师个人投入到产教融合项目中来，并给予相关部门，甚至个人一定的奖励，提高相关人员的积极性。

（二）高职院校要重视师资队伍建设

"打铁还需自身硬"，高职院校产教融合项目推进的主力军是教师，参与学生核心能力的培养核心也是教师。因此，学校要重视师资队伍的培养，使专业教师真正成为优秀的"双师"，为产教融合项目推进助力，使高职院校学生的核心能力得到培养。专业教师在专业理论知识学习的同时，也要注重自身教学能力等的培养，改变传统"填鸭式"式的教学方法，使以教师为中心的教学真正转变到以学生为中心的教学中来。学校可以安排教师进入企业参与项目的开发，相关资金划拨给企业，由企业对教师考核，发放工资，杜绝部分教师下企业实践只是挂名的现象。同时定期对专业教师进行教学能力培养和测评，使真正掌握核心能力的教师来培养高职院校学生的核心能力。

（三）高职院校要努力推进产教融合，全面与企业合作

在我国，职业教育是以培养生产、服务一线的技术技能型人才为目标的。它明确指向某一职业群，使受教育者不但具有在某一个岗位就业的竞争力，同时具有适应职业变化的能力。职业教育发展到今天，与产业深度整合已是职业教育发展的必要条件，而且一直受到国务院和各级政府的关注。学校是学生核心能力培养的关键一方。学校要通过各种途径与企业合作。通过学校与相关的企业、行业之间进行合作，共同完成对于技术型和技能型人才的培养。如：重庆高等职业教育通过产教对接，构建了管理互嵌、课程互嵌、师资互嵌、厂校互嵌、工学互嵌的"校企互嵌"的工学结合人才培养模式。常州机电职业技术学院以工业机器人职教集团为载体，以教育部项目《工业机器人技术专业企业生产实际案例》为契机，与企业共建工业机器人技术专业企业生产实际案例资源库76个，包含ABB、安川、FANUC、埃夫特、广数等知名机器人企业应用的一线案例素材。

（四）企业要勇于承担责任，为高职院校产教融合人才培养助力

企业是高职院校实施产教融合项目的关键一方，作为一个成功的企业，必定要有一定的社会担当，为高校实施产教融合出一份力。首先，在人才培养方案、课程标准的制定上，企业要给予高职院校一定的支持，使制定的人才培养目标更加符合企业的需求。其次，企业可以与学校共建实验实训室，并提供一定的技术支持，让学生核心能力的培养有一个良好的平台。再次，企业安排技术员、工程师进入课堂，把真正有用的先进技术传授给学生，这样可以解决学生掌握的技能与企业岗位脱节的现象。最后，企业承担一定的资金、场地和设备，安排高职院校学生进入企业参观、实习，让学生在校期间就体验到企业真实的生产环节。学生也能够树立正确的岗位意识，将来能努力工作。

（五）高职院校要革新学生核心能力评价标准

高职院校学生核心能力的评价不能采用传统的考评方式一卷定天下，需要与企业合作，采用多元化的评价手段。评价方式需要涵盖职业能力、学习能力、创新能力、社会适应能力等诸多方面。依据课程性质的不同，采用不同的考评方式。考证类课程，学生通过课程的学习，考取相应的职业资格证书。动手实践类课程，则不单单是考查学生任务完成情况，还要把学生在实践过程中表现出的职业素养等考虑进去。有的课程甚至可以让企业参与对学生的考评。

人才的培养是一个系统工程，高职院校在培养学生基本能力的同时，更要注重学生核心能力的培养。在传统教学模式不能适应我国产业对人才培养的需求情况下，高职院校要通过深化产教融合，让企业更多地参与到学生核心能力培养中来，使培养的学生能发现问题、分析问题、解决问题，才能使高职院校学生核心能力的培养有所成效。

第二节　产教融合背景下高职院校学生发展可持续能力培养

产教融合背景下高职院校加强学生可持续发展能力的培养。通过素质教育的实施与评价，可以有效促进高职生可持续发展能力的提升。本节在分析高职生可持续发展能力的内涵及其构成基础上，从宏观设计、中观引领、微观操作三个方面提出了基于素质教育评价的高职生可持续发展能力培养的具体策略。

当前我国职业教育被提升到国家战略高度予以重视。《国务院关于加快发展现代职业教育的决定》中明确要求将深化产教融合作为职业教育发展的目标任务。配套文件《现代职业教育体系建设规划（2014—2020年）》进一步指出，现代职业教育是面向经济社会发展和生产服务一线培养高素质劳动者和技术技能人才并促进全体劳动者可持续职业发展的教育类型。从理论上来说，高职教育应该在整个现代职业教育体系建设中发挥中坚和纽带作用，并在学生可持续发展能力培养方面做出积极的探索。但是，当前高职教育质量内涵

有待提升对学生职业生涯"可持续发展能力"的关注不够。因此在产教融合背景下将学生可持续发展能力的培养贯穿融入人才培养全过程，在关注高职教育经济社会功能的同时，重视个体职业生涯发展的需要。这不仅是高职院校人才培养定位的重要内容，也是高职院校学生在未来职场中提升核心竞争力的现实需要，更是高职教育应有的价值追求。

一、高职院校加强学生可持续发展能力培养的必要性分析

高职院校在人才培养过程中加强学生可持续发展能力的培养是深化"产教融合、校企合作"的需要。随着我国社会形态的日益成熟以及产业结构的转型升级，对以就业为导向、以培养学生专业技能为主要目标的高等职业教育人才培养规格提出了新的更高的要求。高职教育对高素质"技术技能型人才"这一培养目标的理解也应不断深化，并在人才培养方案实施过程中与时俱进，不断拓展提升。当前高职教育"功利化"的办学倾向并未完全消除，"技能"培养早已被大家所公认，但"素质"养成尚未达成共识。这与我们对职业教育的理解不全面，对办学理念思想和人才培养目标的认识不清晰撇清不了关系。"高技能"与"高素质"绝不应成为高职教育中的"两张皮"。高职教育理应注重开发每个学生在一生中变换专业和应对经济和社会转变的能力，而不应该把人造成一种特别的器具。

不管是何种类型的教育，学校育人目标应当始终是当青年学生离校时作为一个和谐的人，而不是作为一个专家。"素质教育"就是以提高人才素质作为重要内容和目的的教育。素质教育的忽视必然导致个体可持续发展能力的不足。通过单纯的技能训练也许可以使个体具备一定的谋生手段，但是不能促进其成长为一个人格和谐的人。作为高等教育重要组成部分的高职教育绝不能局限于职业技能的训练，不可背离教育的本质属性，在强调技术技能的同时更应重视学生创新意识和可持续发展能力的培养。因此将"可持续发展能力"融入高职院校人才培养过程之中，不仅能够使学生获得过硬的职业技术技能，还能使学生获得一定的精神资源，从而培养出一大批具有可持续发展后劲的专门人才。这不但与现代职业教育发展趋势相适应，同时也与行业企业对人才培养规格的要求相吻合，有助于促进产教深度融合发展。

二、高职生可持续发展能力的内涵及其构成

（一）可持续发展能力的形成过程及内涵分析

可持续发展相关理念可从联合国大会有关文件中窥见一斑。最早《我们共同的未来》将"可持续发展"定义为"既满足当代人的需要，又不对后代人满足其需要的能力构成危害的发展"。从此该词得到了国际社会的广泛共识。1990年联合国开发计划署《关于人的发展报告》对可持续发展做了进一步的阐释："可持续发展即人的全面、和谐的发展，它既要满足人的现实发展需要而且要实现人们身心协调、持续和长远的发展。"1992年联合国环境与发展大会"21世纪议程"中明确提出"面向可持续发展重建教育"，首次将"可

持续发展"这一理念引入教育领域。2002年联合国大会举办了"教育促进可持续发展十年"活动，明确从2005年至2014年在全球范围内开展有关可持续发展的教育。

基于上述认识，在教育领域我们可以把可持续发展能力定义为，人们通过一定时期的教育获得不仅能适应社会的需要而且能满足自身发展需求的潜在能力。这种能力可以促进个人在职业活动和社会的快速发展中保持全面、持久、协调的发展。主要包含四个方面内涵：

（1）全面、协调发展。高职生须在德、智、体、美等方面协调发展。

（2）持续性发展。高职生能满足社会、职业及个人的需要在知识、技能、素质、能力等诸方面具有长久的发展能力。

（3）高职教育特定要求。高职教育的人才培养目标定位、培养模式及课程体系要能满足教育对象发展需要，且能显著区别于本科教育及中等职业教育等。

（4）职业适应性本质属性。高职生在其职业生涯中，具有能适应未来可能出现的职业或岗位迁移需要的潜在的发展后劲。

（二）高职院校学生可持续发展能力的构成分析

高职院校学生可持续发展能力构成复杂，我们可以把它看成由个体成长中所必需的各种可视化的能力组成。根据已有研究，高职院校学生可持续发展能力主要包括心理健康能力、自主学习能力、科学方法能力、社会活动能力、专业技术能力、职场规划能力、自我教育能力、自主创新能力等八个方面的能力。

（1）心理健康能力。心理健康是指个体在认知、情绪情感、人际交往、环境适应等方面的一种持续且积极的心理状态。职场中的竞争与角逐，难免会让个体产生心理困惑，甚至是心理失衡现象。这就需要高职生具备较强的心理健康能力以及适应社会的能力。

（2）自主学习能力。高职学生的学习不仅仅是掌握基本技能，更重要的是培养出自主学习能力，在未来职场中能够善于"主动学习"，学会"自主学习"树立终身学习的意识。

（3）科学方法能力。科学方法能力是指人们在认识真理、改造世界过程中所必须掌握的实证方法、逻辑方法以及对直觉思维运用的能力。高职学生只有具备科学方法能力，才能在具体的认识和实践活动中不断地从各个渠道获取有用的知识和信息，从而促进其正确认识问题并解决问题。

（4）社会活动能力。社会活动能力指个体有目的、有针对性地参加社会活动的过程中，了解社会并研究社会，主动参与社会生活和社会建设的能力。社会活动能力集中体现在能够理解个人参与社会活动的权利和义务，具有关心他人、社区和社会问题的责任感，能够正确处理合作与竞争的关系，注重提高自身的人际交往能力，并不断培养自身良好的社会道德等方面。

（5）专业技术能力。专业技术能力通常是指个体在所从事的工作岗位中相应的专业技术技能掌握的水平高低程度。高职院校学生须加强对所学专业的认知，不断深化对专业的认识，牢固掌握专业所对应的岗位群所需要的基本理论与基本技能以及前沿技术。

（6）职场规划能力。职场规划能力是指个人结合自身情况以及眼前的机遇和制约因素为自己确立职业目标选择职业道路确定教育、培训和发展计划等，并为自己实现职业生涯目标而确定行动方向、时间和方案的能力。个体若想在未来的职场中取得成功必须具备职场规划能力，并能够对自身的职业生涯进行科学的规划。

（7）自我教育能力。自我教育能力是指学生自觉主动地把社会要求的思想道德规范在内心加以理解和体验，并通过实践转化为自己比较稳定的自觉行为的能力。人类历史上所有取得伟大成就的人，无不具有高度发达的自我净化的意识和自我革新的能力。

（8）自主创新能力。自主创新能力是高职生可持续发展的动力源泉，也是高职院校人才培养的重点内容之一。从可持续发展的角度来看高职生自主创新能力的培养就是要关注其实践能力、思维能力的培养。高职学生学会创新，就是要将知识、技能、经验转化为新产品、新技术、新工艺并能够适应社会发展需要不断提高自身的发展潜能。

三、基于素质教育评价的高职生可持续发展能力培养策略

高职院校的职业素质教育和专业教育教学是人才培养的两个有机方面，既有区别又有联系。专业教育教学更多强调以什么样的课程和教学内容来培养人，而职业素质教育则更多强调以什么样的思想素质和精神境界来影响人。通过素质教育的实施与评价，可以有效促进高职生可持续发展能力的提升。

（一）宏观设计：加强社团文化建设搭建素质教育实施有效载体

社团文化作为一种重要的教育资源，是高校开展素质教育的有效载体。因其具有主体性、工具性、时代性、感染性、教育性等特征，对大学生的思想政治素质、科学文化素质、心理健康素质、专业素质、信息素质以及实践和创新能力的发展均有重要的影响。当前，依托产教融合实训平台建设专业社团俨然成为高职院校团学工作中一种新的价值取向和追求，专业社团活动已成为技术技能人才培养过程中的重要一环。

学院以"社团巡礼节"为依托理顺社团建设思路完善了社团成立办法、社团考核办法等制度，规范社团有序发展。在建立院级社团的基础上，各二级院系成立下属学生专业社团，努力把社团打造成为校园文化建设的重要生力军和素质教育的重要载体。让专业活动融入社团，让社团成为创造专业活动的舞台。

（二）中观引领：加强班级量化考核激发素质教育开展内在动力

只有在集体中个人才能获得全面发展其才能的手段，也就是说只有在集体中才可能有个人全面自由的发展。因此，素质教育的持续开展必须扎根并落实于班集体之中。通过发挥班集体的主导作用，促进学生自我教育、自我管理、自我服务、自我监督"四自能力"的提高，进而促进综合素质的不断提升。然而没有制度的约束就没有目标的达成。这就需要二级院系在中观层面出台相应的制度，通过制度激发出素质教育深入实施的内在动力，

从而在量化管理和考核中引领班集体和个人同步发展进步。

高职院校需要系统梳理管理制度，在强调情感育人的同时强化规矩意识以及制度约束力，形成"以促进学生可持续发展能力提升为中心"的循环闭合的考核制度体系，将学生个人表现情况与班级量化考核结果相关联，并定期将结果公开，力求做到量化出来的数据透明、公正，可视化、可追溯，推动素质教育工作细致规范、科学有力的开展。与此同时班级量化考核与"四率"检查和班级评优评先相对接提高了学生的自律意识和集体观念。除此之外，班级量化管理细则新增班级文化、新媒体宣传、班级活动等内容，并设置附加分项目和处罚分项目，以此构建多维立体奖惩并重的考核体系，激发学生参加各类活动的热情，提高学生的身心素质和竞争意识。总之，以班级量化管理带动学生个人发展进步可以发挥班级的主导作用，促进素质教育取得显著效果。

（三）微观操作：加强素质测评认证构建素质教育评价多维体系

素质教育以及奖学金制度，应当成为当前高职院校人才培养的指挥棒。素质教育的有效实施可以促进高职生可持续发展能力的稳步提升，要求必须以学生为主体并依靠学生，通过素质测评与认证不断激励学生自觉成长潜能。因此构建多维立体的素质教育评价体系并加强对学生的综合素质进行测评与认证，是素质教育取得成功的关键。所以重构的高职生素质教育评价体系，应该注意评价的主导性、主体性、主动性的相互融合统一，确保评价的监督、反馈、激励、导向、发展功能。

学院改革完善学生综合素质测评办法，发挥信息化平台优势，要求学生每年完成"十个一"，即参加一次党团活动、参加一次公益服务活动、参加一次课外科技文化活动、听一场创业讲座、参加一次文体活动、做一次公开演讲、写一篇读书笔记、参加一次心理健康教育活动、参加一个学生组织或社团、听一场专业知识讲座。同时构建了"80+10+x"学生素质测评体系，通过班干部、班主任、二级院系三方共评对素质教育内容进行考核，与学生的思想道德、文明礼仪以及活动参与情况相对接，并与个人评奖评优相衔接，发挥了学生主体作用，深化了学生对素质教育的认识。构建的三方共评、多维立体的测评与认证体系增强了素质教育评价体系的科学性和系统性，通过"数据说话"促进了学生的可持续发展能力的不断提高。

第三节　产教融合背景下高职院校学生创新创业能力的培养

随着构建产教融合的现代职业教育体系的提出，创新创业教育以其综合性、实践性、多样性特征成为新时期推进人才培养机制的突破口，也是高职院校深化综合改革的必然要求。当前，高职院校还存在对学生创新创业重视程度不够、创新创业师资力量比较薄弱、学生创新创业主体意识不强等问题。高职院校应通过构建协同育人机制、加强创业师资队伍建设、构建培养学生创新创业能力的课程体系、搭建开放化创业实践平台、加大宣传力度、加强校园文化建设等途径不断提高学生创新创业能力。

近年来，国家相继出台《国务院关于加快发展现代职业教育的决定》《国务院关于印发国家职业教育改革实施方案的通知》《关于深化产教融合的若干意见》等政策文件，明确将深化产教融合作为职业教育的战略设计和体系建设的方向，指明："深化产教融合，促进教育链、人才链与产业链、创新链有机衔接，是当前推进人力资源供给侧结构性改革的迫切要求，对新形势下全面提高教育质量、扩大就业创业、推进经济转型升级、培育经济发展新动能具有重要意义。"高职创新创业教育作为培养学生创新意识和创业精神、实现学生高质量就业的重要举措，要融入职业教育人才培养体系并贯穿人才培养全过程，同样离不开产教融合。因此，在这样的背景下，推动产教融合制度下的高职院校学生创新创业能力的培养，对于推进高职院校人才培养的新生态和职业教育综合改革具有重要的现实意义。

一、产教融合背景下加强高职院校学生创新创业工作的重要性

（一）有助于国家创新创业政策的有效开展

近年来，国家高度重视高校创新创业教育工作，国务院和教育部出台多项政策措施，要求加大创新创业人才培养支持力度，把创新创业教育贯穿人才培养全过程，着重培养适应社会需要的创新型、复合型、应用型人才。无论是国家层面还是社会个体层面，创新都有力地推动了整个社会的发展，包括技术、文化、知识结构层面都实现了创新。作为面向市场、强调实践的教育类型，创新创业教育要求开放化的教学模式和平台，需要包括政府、行业、企业、学校等多方主体协同育人。因此，推动产教融合制度下的创新创业教育改革，改变单一主体推行教育的管理体制，倡导校企协同的创新人才培养机制，对于国家创新创业政策的有效开展具有重要的积极意义。

从社会层面来说，高职院校学生自主创新创业有利于解决毕业后的就业难问题，有效地提高就业率，增加就业渠道。如果高职院校学生创业之后扩大企业的规模，还可以优化社会产业结构，具有较强创新创业能力的学生也可以起到示范和引领作用，并为其他希望创业但继续前进的高职院校学生树立榜样，还可以通过独立创业实践增强自己的生存和发展能力。

创新创业精神是当今社会每一名大学生应该具有的精神，创新创业的欲望和冲动应该在这群中国最具有活力的青年高职院校学生中存在，这样可以保证中华民族发展日益增强。高职院校学生通过创新创业活动的开展能充分提高创新精神，同样也会在将来的创业过程中发挥自己的才能。

随着中国经济的发展和时代的进步，保护创业、鼓励创业、倡导创业的环境也正在逐步地改善和形成，良好的创业环境已经到来，给具备较强专业技能的高职院校毕业生提供

了创业机会。

从国际上来讲，对中小型企业投资所得到的回报是大企业的四倍之多，鼓励高职院校学生独立自主创业有利于中小型企业的迅速发展。高等职业院校学生在独立创业过程中遇到挫折甚至失败都是不可避免的，学校还需要鼓励具有创业思想的学生增强自信心和确定更加坚定的目标。

高职院校学生通过参与创新创业，除了能树立正确的自我价值以外，还能将兴趣爱好同职业生涯融合起来，做自己喜欢的、感兴趣的工作，创造属于自己的企业，只有这样才会专注于自己的工作之中，最大限度地发挥出自己的才能。与学校合作共建新的模式，帮助高职院校学生进行实践，提高学生的综合素质。

（二）有助于学校整体教书育人理念的发展

创新创业教育作为一种新的教育理念，体现了素质教育和终身教育的内涵，突出了学生的自主学习和对学生实践能力的培养，是高职院校未来发展的趋势和目标。由于我国高职院校的创新创业教育起步晚、经验少，总体发展水平有限，尚未做到"以人为本"，以提高人才培养质量为目标，离社会期待还有距离，亟须进行改革创新。高职院校作为培养创新创业型人才的重要阵地，经济社会的发展对其人才培养规格提出了更高的要求，有必要将创新创业教育纳入整个人才培养体系中，坚持以人为本，促进学生的全面发展，将创新创业教育贯穿到教书育人、管理育人、服务育人的全过程，提高学生的创新创业意识、创新创业精神以及创新创业能力，培养创新型人才。

（三）有助于大学生个人创新创业能力的提升

在产教融合背景下，多数高职院校尝试将外部企业引入校园内部的产教融合基地，基地内部的各个项目均立足于实际的社会需求，学生在参与产教融合基地中的相关项目时，可深入了解创业所需的必要知识以及专业技能，加深高职院校学生对相关行业工作内容、标准的了解。高职院校通过定期组织开展创业活动，学生不断进步和成长，提升自主创新能力，在激烈的就业竞争中脱颖而出，也能确保自主创业活动开展价值得以良好彰显和体现。另外，高职院校学生在参与各类产教融合项目的过程中，可通过实际操作掌握创新创业项目的整体流程，从而让他们提前从校园生活走到社会生活，积累有效经验，为未来真实创业就业做好充分准备，这对于提高产教融合背景下高职院校学生创新创业的能力具有良好的促进作用。

二、高职院校学生创新创业现状分析

（一）高职院校对学生创新创业重视程度不够

目前，高职院校创新创业教育在教学实践中开展不足，融入专业教学不够，关于创新创业的课程及活动较少，多在"就业指导"课程中专题或零散讲解，理论讲解居多。一般来说，高职院校培养大学生创新创业的形式比较传统，多是通过文艺竞演、诗歌比赛等活动来调动学生的热情，这些活动并不能真正地激发学生的创新潜力，不能达到社会对创业人才的需求标准。高职院校只是把创新创业教育当作一个辅助教学内容，多是在课外开展一些活动，激发学生的兴趣、提高学生的参与度，但是这种活动很难进行统一管理，致使创新创业教育受阻。

（二）创新创业师资力量比较薄弱

高职院校若要提高学生的创新创业能力，一定要有高质量的教师队伍，师资力量是培养创新创业人才的基础。目前，很多高职院校从事创新创业教育的师资力量主要来自学校内部，大多数教师只是学到了一些理论知识，知识结构不完整，很多是现学现用，其实际创业经验不够，难以在课堂上提供有价值的具体创业方法和思路，所以在培养学生创新创业能力方面有所欠缺。虽然现在有一些高职院校也在与企业进行合作，找一些兼职教师，但仍缺乏系统的教育团队。教师指导或讲授创业课程的积极性普遍不高，在本来就繁重的科研、理论教学工作上，对此投入的精力和时间更是有限，导致对学生的培养缺乏指导意见，很难培养出高质量的创新创业人才。

（三）高职院校学生创新创业主体意识不强

高职院校注重培养学生的应用技能，往往忽略了对学生创新创业能力的培养，使得一些学生缺乏创新创业的能力，并且多数高职院校的学生毕业后都会选择去企业工作，没有自主创新创业的意识。尽管近些年来，教育部开展了一系列大学生创新创业项目，但是在整个实践过程中不够深入，导致这些创新创业项目并未实现预期的目标。大部分高职院校在进行创新创业教育的时候往往是以教师为主体，忽略了创新创业过程中学生主体的存在，弱化了学生主体的作用，导致高职院校学生缺乏发展创新创业意识。

三、高职院校学生创新创业能力培养的路径

（一）产学创融合，构建协同育人机制

学生创新创业能力体系的构建，需要打破常规思维，需要领导更新观念，需要把此项工作作为专业建设、质量提升、人才培养模式改革的一个重要部分，自觉地进行探索与实践。创新创业教育要在顶层设计上依托产教融合、校企合作，改变传统单一主体推行教育教学的管理体制，把创新创业作为重要因素融入产学合作，构建专业、产业、创业协同联动的办学机制。高职院校应以创业项目为依托与企业技术转化、成果应用构建有效衔接，促进学校与企业的创新要素交流，推动师生创业项目的孵化，提高创新成果的社会化效用。

（二）加强创业师资队伍建设

教师是教学的主要承担者，是指导学生学习的重要引领者。教师队伍直接影响学生接受知识的情况，优秀的教师队伍对学生创新创业教育理念的培养非常重要。从高职院校目

前的师资队伍结构来看，教师的从业要求中虽然加大了企业从业经历的要求，但是在学校任教的教师多为在学术性方面较强的理论教师，对学生的考核多从学科知识的角度出发，对于实践环节陌生，所以创新创业教育缺乏实战性。要加强教师队伍素质可以通过校外挂职和培训等方式，每年选派一些教师去企业或高校学习，推动教师走出校园去企业实习，鼓励校内专业教师转型。同时，高职院校要积极引进社会创新创业人员以及相关创新创业教育企业，共同参与学生创新创业能力培养的教学计划制订，进而提升高职院校创新创业教师队伍的师资力量。

（三）构建培养学生创新创业能力的课程体系

创新创业教育不仅是国家大力倡导的大学生创业教育，也是高职院校教育课程的重要组成部分。高职院校在培养创新创业人才的过程中，要根据市场人才的需求，及时更新和优化现有课程体系，在创业实践中，有机融入企业管理等相关知识和内容，使学生丰富创业相关知识，不断提升创业意识和综合素养。创新创业课程体系是一个系统工程，不是单靠一门课程或一类素质教育可以解决的，需要根据人才培养目标、学生不同的创业需求进行统筹设置，建立包括创新创业知识课程、创业意识活动、创新创业实践以及创业项目实战指导等层次化的课程体系，培养多层次、全方位的创新创业人才。

（四）开放共享，搭建开放性创业实践平台

创新源于实践。创新创业教育旨在培养大学生的创新意识、创业精神和创新创业能力，单纯的学科理论是教不了创业的，面向市场、强调实践是人才培养的内在要求。因此，创业基地和实践平台建设是创新创业教育的重要保障。产教融合背景下，高职院校应充分利用校企合作优势，把学校的项目、师资与企业的资金、技术相结合，校企共建创业实践基地，促进教育要素、创新要素和生产要素的交流与合作，为学生提供创业实践支持。高职院校应通过人才、资本、信息等资源的交流和共享，形成良好的产学研合作模式，建立起与市场对接的实践平台，对接地区创业产业园、孵化器等机构，对接企业创新中心、众创空间等作为校外实践平台，满足不同学生的培养需求，给予学生有效的创业指导和支持。

（五）加大宣传力度，培养学生创新创业意识

良好的创新创业意识是大学生掌握创新创业知识的前提条件。高职院校应多渠道开展宣传工作，培养学生创新创业意识。学校宣传部门可凭借政府工作平台、招商引资洽谈会等渠道加大校内产教项目的曝光度，吸引企业参与校内产教项目；也可通过自媒体平台建立产教项目中心，以加强校内项目的对外展示工作。高职院校创新创业教育课程体系的建设能够有效培养大学生的创新精神与创业能力，教师应宣传创新创业理念，并在教学中培养学生主动学习的能力，注重学生思考能力的培养。

（六）加强校园文化建设，营造创新创业氛围

通过班会、讨论会、讲座等形式，组织宣传和学习各项创新创业政策和措施，建立导

师制来指导学生创新创业，让学生充分感受到学校对他们创新创业的关心、重视和支持。通过大学生科技社团，开展丰富多彩的课外科技实践活动，开阔学生视野，激发学生的积极性，培养学生创新创业素质，形成创新创业的良好文化氛围。通过举办"创新创业活动展"，评选创新创业新青年，举办创业论坛、创业沙龙，成立创业俱乐部等相关活动，在校园中营造创新创业的氛围。

（七）注重产教融合背景下创新创业教育的内容和强化

1. 内容

（1）创新创业意识的培养。一直以来，对高职院校的学生来说。毕业之后就要到社会自谋出路。在劳动力紧缺的地方，高职院校的毕业找不到合适的工作，干体力活打零工的毕业生不在少数，在外吃苦打工也是一件正常不过的事情。高职学生应该加强创新创业观念的培养，不应该安于现状或者走一步算一步没有目的性地生活和工作，要把创新创业视为自己人生的一个转折点，视为自己人生中重要的一部分，把创新创业意识当作是发展生存的需要乃至社会进步的需要。

（2）创业品质的熏陶。独立自主、积极向上是每一个高职学生应该具有的精神和意识，在日常的教学过程中，高职院校应该通过培养学生与他人合作的能力和工作岗位的敬业精神，让学生拥有强烈的事业心，对每一项工作都有强烈的使命感，这都将有助于学生创新创业品质的熏陶培养。

（3）创新创业能力和沟通能力的训练。高职学生在校学习过程中应不断提高自己接受新知识、处理和更新信息的能力，不能只满足于教师所传授的知识与技能。提高环境熏陶作用也是不容忽视的，可以利用学生的课余生活开展系列创新创业能力训练活动，更好地促进学校创新创业风气形成，通过在校期间创业能力和沟通能力的训练更好地丰富创业教育的内容。

2. 强化

（1）加强对学生创业意识的培养。学校根据行业动态与企业需求在保障知识系统性的同时开发出适应广大市场的课程。从某种意义上来说，具有未来发展潜能的人必须是具有开拓创新意识和高品质的人。但是在当前的教育中，仍然存在多种弊端，导致学生无论是在动手能力上还是在分析解决问题上都存在着一定的问题，更不用说是自主创业了。因此，学校应加强对职业院校学生创新创业意识的教育，以培养出适应时代发展的综合型人才。

（2）加强对学生就业压力的缓解。对高职学生进行创新创业意识教育的同时也需要缓解学生的就业压力，让学生日后能在竞争激烈的社会上有立足之地，毕竟市场的残酷竞争是在校园中学习的学生接触不到的。高职学生应适当调整自己对未来创业或就业的期望，提高心理承受能力，凡事要考虑到最坏的结果，并采取措施，鼓励其树立正确的人生职业观，并树立起长远的人生规划。

（3）加强学生满足社会的需求意识培养。随着时代的进步、生活环境的变化，社会需求也发生着变化，消费结构也随着社会的变化越来越多元化，消费者的行为也由被动变成了主动。决策权和家庭消费的独立选择不断增强。这一切都与生产的多品种、小批量有一定关系，也同样成了一个显著的特点，这也导致新的产品和新的行业不断地涌现。而在新兴的行业中，最初都是新创立的小企业，这种特殊的社会需求不仅给高职院校学生创新创业创造了机会，也是高职学生创新创业的广阔天空。因此，加深对创新创业方面的教育，学校可以让学生提前树立创新创业的想法，学习创新创业途径，并且清楚创新创业中可能会经历的艰辛，把握住每一个机遇，使学生成为适应能力强、有贡献的人，能更好地满足社会的需要。

当今社会迫切需要高质量的创新创业人才，高职院校要根据社会需要来培养创新创业人才，进而为社会的发展贡献一份力量。通过对产教融合背景下高职院校学生创新创业能力培养存在的问题进行分析，提出些许解决措施，以期对高职院校学生创新创业能力的培养有所裨益。

第四节　产教融合背景下高职院校学生毕业就业能力的提升

职业院校在人才培养中采用产教融合的教学方法，是创新教学模式、培养高素质复合型人才的重要手段。现实中，产教融合在提升高职院校学生的就业能力以及毕业生接收比例上未能实现预期效果，结构性问题依旧突出。本节以高职学生的就业能力为切入点，深入分析产教融合背景下高职院校学生的就业能力现状以及问题，提出优化路径，为提升高职院校毕业生在社会中的就业能力提供参考。

产教融合、校企合作是当前高职教育改革的目标与方向，是逐步提高行业企业对职业教育参与办学程度，全面推进校企合作协同育人机制的重要载体。面对当下"就业难"的形势，基于工学结合的思想，产教融合已成为地方高职院校提高大学生就业能力、提升大学生就业质量、培养应用型人才的重要手段。

产教融合就是将企业与高校两个主体合二为一，在生产中教学，在教学中生产，生产和教学二者整合并向同一个方向发力。企业通过与高校合作或是培训来培养企业所需要的人才，从而实现企业自身的提升和转型，而高职院校通过产教融合使教学内容更加科学合理。但在社会生产日益复杂的大环境下，教育产业相互结合的方式在带来巨大经济效益的同时，二者之间的融合问题越来越突出，也影响着产教融合的顺利实施。本节以高职学生的就业能力为切入点，分析产教融合模式下高职学生的就业能力现状以及存在问题，并提出相应的提升路径，具有一定的实际意义。

一、高职学生就业能力内涵

帕特里克·鲍里洛特提出："帮助现有工人进入企业的所有因素都是就业能力的一部分。"因此，就业能力既反映学生获得一份工作的能力，同时也包含能够满足企业需要及个体职业生涯发展所应该具备的能力。从就业活动整个过程来看，学生就业能力包含软技能和硬技能。具体构成如下：

（一）软技能

软技能是指除某一职位的专业知识或技能外，能为公司带来其他利益的其他能力。对于大学生而言，沟通表达、数字运输、创新能力、自我完善、协同合作都是软技能的主要特征。

职业三个层次中的专业核心能力是指从事任何职业或超出特定职业技能和知识类别的能力所需的综合专业素质。最基本的通用能力之一可以概括为三个方面：社会相容性、团队整合和个人塑造。就业的核心能力也是麦克利兰的"歧视性素质"，因此，这里将职业核心能力归属于软技能。

（二）硬技能

硬技能是求职者在某一专业或领域工作或研究时必须具备的能力。因此，可以从三个层次的职业能力中，为硬技能规划特定于职业的能力和整个行业的能力。这些"优秀"的"实际技能"和这些硬技能通常可以在申请与自己的职业有关的职位时起决定性作用。

二、产教融合对高职学生就业能力的影响

（一）产教融合培养了学生的实践能力

大学生在实际工作中所展现的能力就是他们的实践能力。在教学过程中，仅注重理论和学术教育不能为学生提供足够的实践机会。依靠企业提供实习和实践培训岗位，使学生在实际工作中可以学习和应用，增加知识并提高工作技能，实践能力自然增强。通过在企业工作学习来加深大学生对本专业、本行业工作的认识，通过在企业中的轮岗学习来了解企业的工作模式，培养大学生良好的实践能力。

（二）产教融合明确了学生的就业方向

通过调查研究发现，很大一部分大学生与用人单位之间存在双向互动，但在职业选择方面自身定位不明确、职业心理准备不足，明显影响了他们在就业过程中的择业。目前大学生深受应试教育的影响，他们过于看重考试成绩。因此，自主学习能力较弱，对于专业知识的学习浮于表面。但是，高职院校在产教融合的大环境下，大学生能够更好地了解自己的职业目标和职业生涯方向，明确自己在工作中的岗位职责，同时通过在企业的实习锻炼，也能在未来的市场应聘选择中给有意向的企业一份有针对性、匹配度高的简历。

（三）产教融合促进了学生全面发展

产教融合不仅可以改变学生以往过于侧重理论知识的教育思想，而且注重强化学生的专业技能水平和实践能力。通过校企合作，不仅能够帮助学生形成良好的职业能力，提升学生在人才市场中的竞争力水平，而且在德育建设、政治意识、价值观念方面能给予学生积极的引导。另外，能够促使学生在创新意识、创新能力、创业能力等方面得到提高。产教融合推动了系统化的课程改革，促使学生的思想意识、心理健康、专业水平等方面都得到提高。

（四）产教融合让学生毕业即可从业成为现实

根据对高职学生产教融合培养模式的调查发现，我国目前高职院校实行产教融合的目的在于培养高技能的、综合型的企业复合型人才，提升学生对岗位的适应能力，缩短企业人力资源培训的周期，将学校实践教学设置、专业课程授课计划等环节与企业生产工艺、生产标准、岗位要求相互融合、相互融通，搭建学校—企业双向培养的育人体系和育人平台，围绕公司专业技术要求合理调整教学内容，培养的人才既可以有学校的理论知识，又能够满足企业的用工需求。以前，公司招聘大学毕业生即都需要两三个月的时间进行行业知识、企业文化、岗位职责、生产工艺等方面的培训或实习，以满足企业用工标准。要先投入时间成本和资金成本进行岗前培训，而产教融合充分利用了学校的有利条件，节省了人力、物力和时间。

三、产教融合背景下高职学生就业能力存在问题

（一）企业服务意识不强，实习供给端的结构性矛盾依旧突出

产教融合作为高职学生课程设置的重要组成部分，需要每个学生都融入这个教学的环节中去，由专门的老师带队将学生分配到不同的企业，参加专业性的实习培训。并且，在实习工作中获取一定的学分，达到毕业的资格。但现实中学生被分配到不同的企业，存在得不到实质性的知识体系学习，造成大学生对企业实习不满，加大了学生在学期间到企业实习的抵触情绪，这就出现了毕业生"学的用不上，用的没学过"的情况：学生在学校学的东西，在企业用不上，还得重新学。导致学生学习的积极性下降。调查结果显示，学生对在校期间企业实习的满意度仅为52.3%，其中，认为自己在学校所学的专业知识与企业工作期间的技术技能要求相符的占比为61.8%，有54.8%的学生认为在校期间到企业实训学到的技术很少，大部分都是重复性、简单性的操作，根本没法满足专业岗位的技术技能要求，这也是造成大学生在校期间到企业实训满意度偏低的主要因素。因此，从调查的情况看，企业对学生实训重视不足、服务意识淡薄、供给侧结构性矛盾突出。

（二）实践教学与企业生产工艺脱节，学生就业能力与现实岗位无法对接

从教师素质看，教师不仅要具有课程、教学和专业建设的能力，又要具备企业生产经

验与管理能力。但事实上，由于长期从事教育工作，教师缺乏与企业的互动与实践，特别是对企业最新的技术发展和管理要求缺乏了解和认识；一些高职院校对企业教师实践教学技能的培训不够重视，造成学校实践课程很难真正实现与社会的对接。从教学内容、实践课程来看，目前，高职院校开设的专业课程旨在培养适合大多数企业的通用型人才。对企业而言，缺乏针对性的专业知识和培训，难以适应特定企业的岗位需求。从企业负责人的调查情况看，认为学校的课程设置、知识架构符合岗位需求的，占比为 58%，认为目前学校专业知识泛而不专的占比达 62.3%。企业负责人普遍认为，学校的实践教学与学生的就业能力息息相关，契合岗位实际需求的实践教学对提升学生技术水平，对接企业生产工艺具有重要的意义；认为学校实践教学应当深入企业了解岗位需求，与企业生产标准、生产工艺互相融通的占比达 89.24%。

（三）产教融合重形式轻实效，学生专业技能亟须提升

无论是校企合作、工学结合，还是岗位设置、现代学徒制，其实质都应该是为学生搭建平台，拓宽渠道，让学生有更多的途径和时间去企业进行职场体验，提高专业应用技能。但是一些高职院校出现了产教融合重形式轻实效、企业参与校企合作的积极性不高、无法深入参与人员培训过程等现象。从企业的情况看，实力雄厚的实体公司通常不愿与学校深入合作，也不愿接受学生的实习培训，占比达 72.3%；认为校企深入合作，能给企业带来互利共赢的企业占比仅为 53.28%。在对校企合作互利共赢的选项调查中，认为最能够解决的问题为用工需求占比为 92%，而针对性的解决技术技能等涉及产品工艺的仅占 41%，校热企冷现象依旧存在。

福建泉州双喜制衣有限公司王先生说，他们公司没有特殊的实习培训场地和资金，大多数人也不愿意使用先进的设施和设备进行学校培训。一些企业在与高校合作时仅提供实践场所或者只是为解决招工需求，并未真正投入时间、精力、财力促成校企合作。而高校在校企合作过程中始终只停留在表面，没有深入落实企业需求，二者在校企合作人才培养目标上不统一。同时一些高校受办学条件、师资力量、实训设备实施等制约，导致学校办学质量、办学水平不高，产生恶性循环。

（四）教学中忽视对就业价值观的引导，学生品德养成存在缺陷

产教融合从某种程度来讲更加注重学生的"硬技能"，旨在培养面向生产服务的一线人才。因此高职院校在培养学生的过程中，往往重视"硬技能"而忽视"软技能"的培养，缺乏对学生的就业价值取向和职业认同的指导，使学生的道德品质发展存在缺陷。工作中缺乏忠诚度和诚信度，经常跳槽，并希望在一夜之间取得成功；在招聘的过程中"脚踏几只船"。单方与企业毁约的情况时常发生；在工作中责任心不强，团队合作能力较差；心浮气躁，利益至上，一切向"钱"看。调查显示，有 67% 的学生认为在上课中，缺乏对就业价值取向和职业认同的指导。从教师的调查情况看，68% 的老师认为教学内容大部分是按照培养大纲的技术要求进行的技术性教学，涉及职业认同、职业道德等方面的"软技

能"引领较少，基本上都要依靠授课教师的主观自觉。从调查的整体上看，"软技能"的培养在教学过程中缺乏相应的制度保障，主要依靠授课教师的道德水平及主观意愿开展教育。应从授课计划、授课大纲着手，将职业道德、职业认同等职业"软技能"教育贯穿于学生培养的全过程。

四、产教融合背景下高职学生就业能力提升新路径

（一）充分发挥政府职能，搭起校企共建立交桥

在产教融合的整体背景下，各级政府部门应该充分发挥自身的引导职能，促进企业与学校之间的合作与交流，架起共建立交桥。各级政府要建立企业公共服务机构，在校企合作中的学生顶岗实习、实训教学、实训场地等软硬件方面，通过政策倾斜的支持引导发挥教育资源的作用，为学校提供较为先进的实训场所，并在资金方面为校企提供必要的支持。此外，各级政府还要加强宣传与引导，督促指导企业积极开展校企对接活动：引导企业转变理念，根据自身的定位和发展要求，提前进入高校，参与育人，积极承担校企对接的责任。企业也要根据自身发展情况提前谋划，定期、系统地加强与学校的人才需求信息沟通；政府要支持企业加大投入，把校企合作作为企业发展战略的一部分，为人才创造良好的工作和生活环境，使企业招收、留住和用好人才。同时，广泛参与学校实践基地建设、专业设计和教学改革，真正形成校企互动发展的格局。

（二）完善产教融合模式，优化专业课程的设置

产教融合是在以往高校合作的基础上，进一步扩大职业教育的广度和深度，具有更广泛的社会意义。因此课程改革不仅仅是应对高等教育改革的常规措施，也是加强该地区工业、经济和教育等各个行业协调发展和共同进步的有力推动者，故而高职课程的改革要置于区域宏观发展的环境之中。这就要求学校根据社会市场的需求以及企业岗位需求的标准来完善对大学生的培养，优化他们的课程来凸显专业的个性和特色。设置课程时，要结合企业的需要以及专业的能力、知识和实践，鼓励学生在校取得各种资格证书，建立相应的规范来促进学生学习，提高学校的专业设计能力。另外，产教融合还需要注重实践教学体系的不断完善。因为它是以培养学生就业能力为标准的，所以在培养学生的过程中，就要按照企业的操作规范和岗位职能来教学，利用企业的实训基地给学生提供实践操作的平台和机会，这样就将就业培训任务明确纳入了实习计划，并强调了实习培训的评估标准。

（三）校企双元融通发展，提升学生专业技术能力

企业追求的是效益最大化，以提高经济效益为目标。高职院校人才培养的目标是培养适应社会经济发展的复合型人才，校企双方应密切合作，目标统一，避免"高合作意愿、低合作质量"的现象。学校通过合理的课程设置，培养学生专业理论素养，通过实训和校企合作，提升学生的实操技能。学校要培养优质人才，需要企业的积极参与。当前，企业

并不是单纯的人才消费者，他们也承担着"用人""育人"的责任。在产教融合背景下，企业和学校合作培养，在毕业前给学生充分的时间到企业参与技术技能培训、实训，了解企业的发展和企业环境与文化，从而增强学生适应工作的能力以及培养学生的责任感。

（四）加强学生就业价值观教育，提升品德修养水平

一是高职院校要充分利用《形势与政策》《思想道德修养与法律基础》等思想政治教育课程，挖掘思政元素，结合专业特点和当前就业形势，系统阐述科学价值观。通过课程的专业指导，提高学生的就业意识和自我认知能力，树立正确的职业观，增强心理承受力。同时，要根据社会发展的需要和个人特点，着力加强和培养学生的职业生涯设计能力和素质。二是有效利用专业课程平台，使课程更贴近大学生的职业选择，更符合大学生的职业理想。学校根据市场经济发展的需要，开设专业课程，创新教学内容，引导大学生更新就业观念，符合社会需求。三是学校应将《职业生涯规划与就业指导》课程设置为必修课。通过理论指导与实践指导相结合的方式，教会大学生认识自我、了解环境、了解职业，形成科学的就业价值观。

（五）坚持自信自强，为职业生涯添彩

人类社会在进步，中华民族在复兴，经济要崛起，产业要升级，各行各业对技术技能型职业人才的需求被日益看涨看好。劳动是一切财富的源泉，工作是一切发展的起点。职业教育就是这样一种给人以劳动技能、工作本领的教育，一种能够实实在在帮助人们就业、帮助家庭解困致富、帮助企业精益制造、助推产业升级的教育，承载着国家富强、民族兴旺、社会进步的未来，寄托着千百万人和家庭的希望与梦想。

高职学生经过严格的、正规化的职业技术技能培养，已经能够适应职业岗位的技术技能工作，即将走向各自的岗位，开启个人的职业生涯，为国家、民族和社会贡献自己的才智和力量。高职学生接受正规化的职业教育，学习技术技能，学校、老师和企业一直在努力为学生创造更好更有利的成长成才环境。从校园环境的美化，到学生宿舍的整修；从学生食堂饭菜质量和价格的治理，到校企合作、工学结合、顶岗实习条件的改善；从教学和人才培养方案的精心设计，到每一门课程、每个课堂教学内容与方法的改革；从班主任到辅导员；从助教、讲师、副教授、教授等，到学校各级领导乃至广大干部、后勤服务人员，方方面面都倾注了大量的心血，克服了众多的困难，做了大量富有成效的工作。在高职学生即将离开学校走向工作岗位，开启职业生涯之际，需要注意以下几点：

第一，自信自强。发展是一个永恒的趋势，不断地变好是社会发展永恒的定律。随着国家和社会的发展，企业对职业人才的需求会越来越高，职业人才成长进步并发挥作用的空间也会越来越大，正所谓"广阔天地，大有作为"。高职学生要自信自强，始终保持奋发有为、昂扬向上和艰苦奋斗的精神状态与精神追求，永远向着"更快、更高、更强"前进，永不懈怠、永不气馁、永不放弃。请你们记住：路就在脚下。只要肯干，就有回报；只要付出，就有收获；只要坚持，就有未来与希望。

第二，坚守"脚踏实地、务实肯干"的职业教育精神。这也是"职业人"应有的风采和风貌。高职学校的毕业生最值得骄傲的是比较实干。好就好在脚踏实地，不好高骛远；强就强在务实肯干，不尚空谈。这是立业之根、立命之本。"空谈误国，实干兴邦。"作为职业人，要不求奢华，不慕虚荣；要立足本职、埋头苦干；要从点滴做起，甘于奉献，重在实绩，力求实效，任劳任怨，持之以恒。

第三，热爱学习，勤于钻研。古人云"非学无以广才""学不可以已"。科学技术飞速发展，产业技术加快进步，知识技能加速更新，高职学校的毕业生在学校学习的理论知识需要在今后的实践中进一步充实拓宽，在学校学到的技术技能需要在实践中不断地补充拓展、强化提高。高职学生需要不断地增强可持续发展能力，不断增强适应可能面临甚至必然会面临的职业岗位转移能力。适应社会、适应环境、适应形势、永不落伍、永不掉队，遵循职业人应该遵循的基本法则。

第四，有较强的社会责任感和使命感，始终把为国家、为民族、为社会踏实工作、多做贡献作为职业生涯的第一追求。有人说，平庸的人有一条命——性命；优秀的人有两条命——性命和生命；卓越的人有三条命——性命、生命和使命。每个人都离不开一条性命、一个生命，但如果只为性命和生命而活，即使长寿也是乏味的、渺小的。只有把个人的性命、生命融入为国家、为民族、为社会不断奋斗的使命中去，性命和生命才会变得更加宝贵、更加有质量，生命的意义和价值才会有根本的飞跃与提升。

奋斗和追求，有的时候是很艰难、很劳累、很辛苦的。但对于职业人来说，也应该是快乐的。

总之，校企合作、产教融合是推进高职院校教育改革的重要举措，能为企业提供更有针对性的高素质复合型人才，以实现学校、学生与企业的双赢局面。产教融合是一个长期摸索的过程，其各种模式的利弊还需要通过实践来检验，需要进一步发展完善。

第六章 产教融合发展共同体：促进高职学生就业创业

促进大学生就业创业是全社会共同的责任。阳光学院与其创办方阳光控股合作的"阳光直通车"工程，通过"选才""育才""用才"，精准输送学生至"世界 500 强"企业工作，并实现高质量就业；通过与阳光控股旗下相关业务板块的合作，催化了学生自主创业，保障了学校持续发展，创新了企业人才战略。高校和企业经过不断融合发展，形成产教发展共同体，有效并高质量地促进大学生就业创业，为解决大学生就业创业难的现实问题提供了一个有效的方案。

第一节 产教发展共同体的目标

高校培养人才、供给人才；企业需求人才、运用人才。因为目前校企双方存在人才供需错位的矛盾（主要是供给跟不上需求），所以人才供给与需求的匹配决定着学校与企业必须形成产教发展共同体，建立共同的目标：共促大学生就业创业，解决当代大学生面临的就业难、创业难的现实问题，实现学生高质量就业，促进高校深化就业创业制度改革，使得企业经济效益、社会效益共同提升。

一、大学生就业创业难的现实问题

（一）就业难

1. 大学毕业生数量逐年递增，就业竞争压力大

从 1998 年开始，大学毕业生人数逐年增长，到 2019 年，毕业生人数增加至 834 万人，在短短 21 年里增长了 10 倍。2019 年 10 月 30 日，2020 届全国普通高校毕业生就业创业工作网络视频会议在北京举行。会议中提到，2020 届高校毕业生规模预计将达到 874 万人，较 2019 年同比增加 40 万，更加大了就业市场的压力。我国普通高等学校 2688 所，其中"双一流"建设高校 137 所。对于"双一流"建设高校来说，每年几十万名毕业生在就业方面基本不存在困难，其就业机会与就业质量也高于其他高校毕业生，他们可以根据自己的兴趣来"挑选"就业岗位。但对于大量其他高校的毕业生，"就业难的关键问题并不是找工

作难，就是找到自己心仪的工作比较难"。对于民办高校来说，因社会对民办高校存在主观"偏见"，所以其毕业生的就业竞争压力不言而喻。当前我国处于经济结构改革调整的发展时期，我国经济发展进入新常态，经济发展速度放缓，经济发展质量逐渐提高，这在一定程度上使得大学生就业选择的岗位有限。

2. 企业用人要求"高"

每年进行"校招"的企业看上去挺多，但"校招"的人数只是该企业招聘总人数中的一部分，"校招"的企业也只占总企业数的一部分，更多的企业愿意招聘有工作经验的人员，因为他们能为企业节省培训和沟通成本；为企业的发展带来资源和经验优势，同时可以将其他公司的一些优秀方法带进企业并进行创新；为企业带来高效工作方式和方法，并带动企业原有人员一起实现优势互补；为企业减少试错成本，节省企业的资源等。就现实情况来看，多数学生在校学习期间，实习的机会较少，在就业之前鲜有工作经历。在国内不断变革和调整产业结构的背景下，新技术、新职业对大学生提出更高的要求，学生在校期间形成的思维认知与社会经验的匮乏使得他们未能得到企业的认同。这也可以看出，毕业生所具备的条件与企业需求之间存在一定差距，同时也反映出高校对人才的培养与社会对人才的需求之间的不匹配。

3. 大学毕业生就业观念出现"偏差"

除了以上外部因素，部分大学毕业生自身的就业观念存在偏差，这主要由于其在校期间未受到有效的教育与引导。教育部办公厅于 2007 年底印发了《大学生职业发展与就业指导课程教学要求》，"从 2008 年起提倡所有普通高校开设职业发展与就业指导课程，并作为公共课纳入教学计划，贯穿学生从入学到毕业的整个培养过程""建设一支相对稳定、专兼结合、高素质、专业化、职业化的师资队伍，是保证大学生职业发展与就业指导课程教学质量的关键"。但目前，各高校对该门课程的重视程度不高，授课教师的专业化程度较低——多是由辅导员来授课，仅少量教师经过系统性的培训或获得职业证照，教师对学生职业生涯规划个体性指导的专业能力不足。这些因素都导致学生未能在在校期间确立阶段性和中长期职业目标、确定适合自己的发展道路，使得他们在大四择业期间，比较迷茫，出现"不知道应该做什么工作"的现象。

近几年，受到家庭条件、价值取向等因素的影响，高校出现了一个新现象，一批毕业生"不着急""不将就"就业。学校强调的"大四就得落实就业单位"，以及"毕业后马上上岗"已不再是毕业生的"必选项"了，学生希望大学四年能够"轻松""完整"地度过，毕业后，再开始考虑就业问题，甚至有部分学生为了考研或者考公务员连续多年不就业。

（二）创业难

教育部于 2010 年 5 月印发了《教育部关于大力推进高等学校创新创业教育和大学生自主创业工作的意见》，李克强总理在 2014 年 9 月的夏季达沃斯论坛以及 2015 年政府工作报告中号召"大众创业、万众创新"，创新创业俨然成为社会关注的话题，也成为推动社会进步和发展的动力之一，同时大学生创业也被当作是解决大学生就业问题的一种有效途径，但同样是一种风险很高的就业途径。由中国人民大学牵头，北京师范大学、上海交通大学等三十余所高校、企业和社会组织联合跟踪调查的覆盖全国 52 所高校的《2017 年中国大学生创业报告》表明，大学生创业意愿持续高涨，近九成大学生考虑过创业，26% 的在校大学生有较强的创业意愿。虽然大学生创业覆盖面在不断扩大，但制约大学生创业的因素依旧明显，其中最主要的障碍是资金缺乏和能力不足（缺乏社会关系、经验等）。

1. 大学生缺乏创业资金

大学生创业初期，资金缺乏是学生面临的最突出的问题，获得资金的渠道一般有家庭自筹资金、政策专项补贴、银行政策性贷款、创业风险投资资金等，由于家庭自筹资金受限于创业者的家庭背景，风险投资资金对市场成熟度要求较高，原则上政府专项补贴与银行政策性贷款应是大学生创业最主要的资金来源。但从现实情况来看，家庭自筹资金支持却是目前大学生创业最主要的资金来源。由于很多大学生未掌握风险投资、信贷的相关政策，缺乏相关的金融专业知识，融资意识与融资能力较弱，故而没有将银行政策性贷款作为获得资金的主要渠道，或者说，大学生初创企业不容易获得贷款支持。此外，政府创业基金资助的比例低、受众面小，银行政策性创业资金贷款存在条件限制等，使得大学生创业的融资渠道变得较为单一，为了快速获得创业资金，谋求家庭支持或是向亲友筹借成为大学生创业资金的主要来源。而部分创业者由于家庭自筹的资金不足也导致其经营方向与规模受到较大的限制。

2. 大学生创业能力不足

近几年，为响应国家号召，高校对创新创业教育的重视程度越来越高，制定各种政策鼓励大学生创业，举办各类创新创业赛事提高大学生的创业能力，开设创新创业教育相关课程，但大学生创业能力仍不尽如人意，一方面是因为创业教育课程未成系统，且未融入高校整体的教学体系，与专业教育之间尚未形成有机联系；另一方面，高校现有的师资创业教育理论基础薄弱，创业实践经历缺乏，理论与实践难以兼顾。大学生创业有着知识方面的优势，但欠缺社会经验，市场调研、制订周密的可行计划是在校大学生或者刚出校门的大学生比较薄弱的环节，对风险和困难的预估也不足，这也增加了大学生创业的失败率。

二、产教发展共同体共促大学生就业创业的意义

（一）学生实现高质量就业

何为"高质量就业"？目前，国内外不同群体从不同角度对其有不同的解读，而从大学毕业生角度来说，高质量就业应该包含以下几个要素：第一，毕业生在充分就业的基础上，个人的能力、兴趣与岗位需求贴合，即其所学能够基本应对岗位带来的挑战；第二，毕业生对工作内容、形式等满意度较高，可满足其个人职业生涯发展的需要，离职概率低，就业稳定；第三，毕业生的薪酬收入不低于就业的平均收入，能够支撑较高的生活水平，

体现接受过高等教育群体的市场价值；第四，毕业生在就业岗位上的历练能为其创业带来一定的积累，帮助其创业；第五，毕业生就业能与国家和地方需要相结合，积极服务于社会经济建设，实现与高校人才培养的目标相匹配。

党的十六大提出社会就业比较充分，党的十七大提出社会就业更加充分，党的十八大强调要做好以高校毕业生为重点的青年就业工作，推动实现更高质量的就业，这就使充分就业走上了一个更高级的阶段。在经济新常态下，加快转变经济发展方式过程中同步推进就业转型，实现由数量扩张向质量提升转型成为高校毕业生就业工作面临的重大挑战。面对这一挑战，产教融合发展形成产教发展共同体无疑是最佳应对方式。在校企共同培养市场所需人才的过程中，一方面，专业设置与产业发展对接、人才培养方案与岗位职业要求对接、课程体系与行业企业技术标准对接，校企双方共同开发教材，做到企业人才需求侧和学校人才培养供给侧的对接共振，保证了学生所学即为产业前沿的新知识、新技术、新产品及新工具，从根本上解决了大学传统教育模式中教学内容滞后于实际应用的问题；另一方面，学生通过企业项目实训，专业知识与生产实际相融合的培养，其岗位技能、职业能力和职业素质得到了锻炼，有了质的提高。校企双方的双线联动和深度产教融合，把企业文化、岗位技能提前传授给学生，产教发展共同体模式将产业和教育融合到一起，共同培养人才，全面提升人才培养质量，提高毕业生的就业竞争力，进而实现毕业生的高质量就业。

（二）深化高校就业创业制度改革

教育部高校学生司党支部书记、司长王辉指出，我国高校毕业生就业制度体系具有多方面的优势，主要有以下方面：坚持就业优先宏观政策，调动教育内外各方面力量促进高校毕业生就业；坚持把高校毕业生作为重要人才资源，支持和引导毕业生面向服务国家重大发展战略和基层一线就业，着力实现人才合理配置；开展坚持就业指导服务和困难帮扶，帮助学生更充分更高质量地就业。产教融合在优化就业制度体系的同时深化了就业服务体系改革。一是推进大学生职业生涯规划与就业指导课程改革，课程与专业结合，引入企业导师参与，为学生做生涯指导，有利于学生深入了解专业、掌握职业发展路径，进而规划自身的职业生涯，使大学四年能够有目标地学习和生活。二是健全精准信息服务机制，建立"企业—学校—院系"三方就业信息服务体系，利用"互联网+"精准推送岗位功能，为毕业生精准推送岗位和指导。三是深化行业企业实践教学实效管理，充分发挥校企合作实践基地作用，让学生的专业知识在生产实践中检验，不断修正自己所学。四是开设高质量产教融合培养专班，依托产业资源，结合专业特色，积极建立校企协同育人项目，为企业精准输送优秀毕业生，也实现学生毕业即优质就业的目标。

"把创新创业教育融入素质教育各环节、人才培养全过程，推动人才培养模式实现了两个新变化。一是实现了从就业从业教育模式到创新创业教育模式的转变，以创新引领创业、以创业带动就业，形成了高校毕业生更高质量创业就业的新局面。二是实现了人才培养机制的新变化，通过创新创业教育，打破了学科专业之间的壁垒、产业与学校之间的壁垒，产生了令人欣喜的'破壁效应'，实现了多学科交叉融合、跨学科学习、校内外协同。"教育部高等教育司司长吴岩出席 2019 年 10 月 10 日教育部新闻发布会时介绍了高校创新创业教育改革总体情况。产教融合更有利于将创新创业教育覆盖教育全过程，因为企业导师本身容易促进学生创新创业意识的养成。创新创业教育活动除了集中于大学生科技园、创新创业园、大学生创新创业大赛活动等，企业导师将创新创业教育带进专业、带进课堂、带进项目、带进实践，培植创新创业沃土，培育创新创业意识，培养创新创业精神，培训创新创业技能，为大学生当下及未来创新创业奠定基础。高校秉承服务意识拥抱行业和产业，通过技术改进和技术升级延长应用技术链，以丰富高校新时代背景下创新创业教育的内容和形式，更好地体现创新创业教育的价值，进一步拓展高校创新创业教育的内涵与外延。

（三）企业经济效益、社会效益两全

1. 经济效益

产教发展共同体对企业经济效益的提升有明显的影响。从现实来看，经济效益是企业发展的动力源泉。影响企业经济效益的因素是多方面的，其中人才因素是最核心的因素，企业的竞争力实质是所拥有的人力资源素质与能力，以及企业吸纳人才的能力。在企业的发展过程中，往往会遇到人才、技术等方面的问题，如果人才匮乏，轻则增加企业的运营成本，重则影响企业的生存，产教融合发展形成产教发展共同体无疑是企业人才开源的最佳方式，因为企业可以按照自身需求"定制"人才，将人才培养节点提前到学生在校期间培养，学生毕业后与企业无缝对接—最终实现直接上岗。学生通过四年的学校和企业的专业培养，掌握了市场前沿的技术，企业同时解决了人才和技术的问题，从而带动企业经济效益的提升。

2. 社会效益

2019 年 3 月，国家发展和改革委员会、教育部联合印发的《关于印发建设产教融合型企业实施办法（试行）的通知》中对产教融合型企业做了定义："指深度参与产教融合、校企合作，在职业院校、高等学校办学和深化改革中发挥重要主体作用，行为规范、成效显著，创造较大社会价值，对提升技术技能人才培养质量，增强吸引力和竞争力，具有较强带动引领示范效应的企业。"并列明了建设培育条件，如表 6-1 所示。2019 年 9 月，国家发展和改革委员会、教育部及工业和信息化部等多部门联合下发了《关于印发国家产教融合建设试点实施方案的通知》，部署了含福建省在内的 18 个省（自治区、直辖市）和 3 个计划单列市组织实施和协调推进省域内试点城市建设培育工作以及产教融合型行业、企业试点工作，并给予企业政策支持："试点企业兴办职业教育符合条件的投资，按规定投资额 30% 的比例抵免当年应缴教育费附加和地方教育附加。试点企业深化产教融合取得显著成效的，按规定纳入产教融合型企业认证目录，并给予'金融＋财政＋土地＋信用'

的组合式激励。"这无疑是产教融合型企业最好的社会效益。

表6-1　产教融合型企业建设培育条件

在中国境内注册成立的企业，通过独资、合资、合作等方式，利用资本、技术、知识、设施、管理等要素，依法举办或参与举办职业教育、高等教育，在实训基地、学科专业、教学课程建设和技术研发等方面稳定开展校企合作，并具备以下条件之一：

1. 独立举办或作为重要举办者参与举办职业院校或高等学校；或者通过企业大学等形式，面向社会开展技术技能培训服务；或者参与组建行业性或区域性产教融合（职业教育）集团；

2. 承担现代学徒制和企业新型学徒制试点任务，或者近三年内接收职业院校或高等学校学生（含军队院校专业技术学员）开展每年 3 个月以上实习实训累计达 60 人以上；

3. 承担实施"1+X"证书（学历证书 + 职业技能等级证书）制度试点任务；

4. 与有关职业院校或高等学校开展有实质内容、具体项目的校企合作，通过订单班等形式共建 3 个以上学科专业点；

5. 通过校企合作等方式共建产教融合实训基地，或者捐赠职业院校教学设施设备等，近三年内累计投入 100 万元以上；

6. 近三年内取得与合作职业院校共享的知识产权证明（发明专利、实用新型专利、软件著作权等）。

第二节　案例分析："阳光直通车"

阳光学院 2001 年由全国"双一流"大学、"211"大学福州大学与阳光控股共同创办，现已发展成一所以经济学、管理学、工学为主体，涵盖 8 个大学科门类、36 个本科专业、在校生 1 万余人的多科性大学，其专业设置与阳光控股旗下各产业板块的吻合度较高，见表6-2所示。作为学校的创办方，阳光控股倾其资源与学校产教融合形成发展共同体，打造"阳光直通车"工程，贯穿学生大学四年，通过分阶段、分层次的培养，实现控股旗下各产业板块与专业人才培养精准对接，提升学生就业竞争力，实现学生高质量就业。顾名思义，"阳光直通车"指的是学生经过该工程的定向培养，毕业后"直通""世界 500 强"企业——阳光控股，从而实现高质量就业（以下案例以第二届阳光直通车为例）。

表 6-2　阳光学院专业与阳光控股产业匹配情况

阳光控股产业板块	产业主要匹配专业（类）	其他
龙净环保	土木类	
阳光教有	学前教育	财会类、管理类、法学等专业均可就业于各个产业板块
阳光城	土木类、市场营销	
阳光金融	金融学	
阳光物产	国际经济与贸易、商务英语、日语、电子商务	
阳光资本	人工智能类	

一、选才：以企业需求选拔人才（大一、大二阶段）

作为"世界 500 强"企业，阳光控股需要的人才，除了具有专业技能之外，还要求具备较高的个人综合素质。表 6-3、表 6-4、表 6-5 为阳光控股在 2019 年对部分岗位的任职要求。

表 6-3　人力资源经理的任职要求

招聘职务：人力资源经理

薪资待遇：¥120 000~195 000

详细介绍

岗位职责：

1.组织制定公司人力资源发展的中、长期规划，并监督各项计划的实施工作；

2.向公司高层决策者提供有关人力资源战略、组织建设等方面的建议，并致力于提高公司的管理水平；

3.根据企业的战略发展，制定企业人力资源管理制度；

4.对人力资源工作中各项数据进行统计和分析，及时处理公司管理中的重大人力资源问题；

5.进行企业人才库建设及人才储备管理，保证企业所需各类人才的及时到位；

6.制订员工培来计划，确保满足企业发展对人才的需要；

7.监督、检查分管下属员工的各项工作及计划的执行情况。

任职要求：

1.全日制体科及以上学历，5 年及以上人力资源管理经验，有大型企业人力资源管理经验者优先，有大型教育集团人力资源管理经验优先；

2.具备较强的领导和管理能力，执行力强，善于沟通；

3.具有团队合作精神，品行端正；

4.具有较强的计划协调能力及解决实际问题的能力。

表6-4　期货风控高级专员／主管的任职要求

招聘职务：期货风控高级专员／主管
职位信息：
1.负责审核期货账户的出入账；
2.负责每日交易头寸的统计工作，并与内盘、外盘的期货、期权账单核对；
3.盘中交易监控及风险提示，确保交易各项风险可控；
4.协助风控部负责人进行制度建设及日常管理，包括但不限于制定规则、交易管理流程及交易策略审核。
任职要求：
1.全日制本科及以上学历，金融或财经、统计相关专业，2年以上期货公司、投资公司、贸易公司的期货权结算相关工作经验；
2.对期货、期权有深刻的了解；熟悉国内外各期货交易所的交易规则及结算、交割等相关制度；
3.较强的数据处理能力，善于数据统计分析工作，能熟练运用各类统计工具；
4.工作细致、认真，有较强的责任心和团队合作精神。

表6-5　综合业务专员的任职要求

招聘职务：综合业务专员
详细介绍
岗位职责：
1.负责客户资料的收集、整理、归档及录入，协助前线人员进行财务分析、处理放审书；
2.协助前线人员处理客户查询；
3.负责同客户经理和其他机构的日常联系工作；
4.部门内部的日常接待工作、会议记录及其他辅助性工作；
5.与行内其他部门的联系、协调、沟通；
6 客户数据管理；
7 市场信息收集；
8.上级安排的其他工作。
职位要求：
1.全日制本科及以上学历，金融学、财务管理、会计等相关专业；
2.综合素质较好，积极主动，良好的沟通表达能力和协调能力；
3.抗压能力强，热爱银行工作。

　　由以上三类岗位的任职要求，我们可以提取关键词，如管理、沟通、表达、协调、团队合作等。由此可以看出，学生除了专业学习之外，还需要具备良好的综合素质，二者缺一不可。因此，在大一阶段，学校对全体学生进行社团培养，培养学生的基本素质；大二阶段，在各专业学生中，选拔综合素质较高的学生进行重点培养。

　　大一阶段——社团培养：全校大一的学生需根据兴趣、爱好、特长或自身需要在公益实践类、文化艺术类、体育竞技类、思想政治类、创新创业类、学术科技类等社团中至少加入 1 个，在社团中历练综合素质。学校社团可以锻炼他们的动手能力和才干，可以使他们自主地发挥、发展自身的特长和智慧，可以增强学生的团结意识、竞争意识。

大二阶段——成立"阳光领航社"：在全校大二年级范围内，通过学生个人申请、院系推荐、社团推荐、学校面试的方式，选拔大约 800 名学生，成立阳光领航社。面试时，由阳光控股各板块的人力资源部门、学校相关职能部门管理人员担任面试官，对学生的思想品德、言行举止、反应能力等综合素质进行考核，选拔的学生需分布在各个专业。各院系结合学生的专业学习情况，围绕阳光文化核心理念（学生人手一本《阳光文化手册》）、演讲与口才、写作与阅读、逻辑与思维、审美与礼仪等方面设计培养计划，开展相关学习活动，每学期不少于 6 次集中学习（一年不少于 12 次），培养学生"志存高远、脚踏实地、自信阳光"的品质。

以商学院为例，通过选拔，180 名学生进入了"阳光领航社"，学生每 20 人分为一小组，共 9 小组，每个小组配备一名导师，每 3 个小组为一个大组，配备一名负责人；导师从商学院的专职教师中招募，要求具备讲师及以上职称、硕士及以上学位，要了解阳光文化核心理念，具有组织、协调、沟通能力等。各小组的学习培训由各导师组织，每一大组定期组织培养工作交流汇报，每学期不少于 1 次。具体培养计划如表 6-6 所示。

表 6-6 商学院"阳光领航社"培养计划

序号	培养内容	方式	次数	备注
1	阳光文化	小组集中讨论、学习、撰写心得、导师引导	3	学生人手一本《阳光文化手册》
2	大组分享	每小组选派3名学生谈谈对阳光文化的理解，与阳光控股人力资源部总监面对面交流	1	以沙龙的形式展开
3	演讲与口才	邀请校演讲队的同学亲临指导，现场演示	2	学习方式可自由组织，允许以素拓的方式展开
4	写作与阅读	导师推荐书籍，学生课上课下结合，布置新闻稿	2	
5	逻辑与思维	通过视频学习、做逻辑题、现场反应练习等	2	
6	审美与礼仪	邀请酒店管理专业徐老师为学生指导	2	
7	总结与分享	组织每个大组进行总结与分享，评选出一、二、三等奖，并予以奖励	1	每个大组自行组织小组进行总结与分享，并形成材料

二、育才：以行业标准培养人才（大三阶段）

经过大一、大二阶段的培养，以"阳光领航社"为主，选拔 350~400 名学生加入"阳光直通车"。选拔方式：通过学生个人申请、小组推荐、学校面试、阳光控股各板块面试等方式在"阳光领航社"中选拔 300~350 名优秀学生、在其他学生中选拔少量的优秀学生

（不超过 50 人）共同加入"阳光直通车"专班。选拔条件：具备志存高远，敢于拼搏的精神；学习能力较强，成绩优良或有一技之长；在校期间积极参加各项活动；综合素质佳。最终，共有 363 名优秀学生加入了第二届"阳光直通车"专班。阳光控股各产业板块可根据自身需求，在面试时选拔符合条件的学生成立"产业专班"，"产业专班"隶属于"阳光直通车"专班，如"阳光城 & 阳光学院营销精英班"，由阳光控股旗下阳光城营销中心面试选拔 100 名学生，以市场营销专业学生为主，同时纳入其他各专业优秀学生；"阳光城土木工程实验班"，主要在土木类专业中选拔优秀学生进行"3+1"培养。"阳光直通车"培养计划分为"阳光直通车"专班整体培养（专班学生均可参加）与产业专班培养（仅该产业专班学生参加）两个部分。

（一）"阳光直通车"专班整体培养

处于大三阶段的学生，需开始了解并掌握求职技能，故学校面向"阳光直通车"专班全体学生开设求职技能课程（见表 6-7），学生需完成不少于 5 门 I 类课程、不少于 1 门 II 类课程，结业后颁发"阳光直通车结业证书"。

表 6-7　"阳光直通车"专班求职技能培养计划

序号	培养计划内容	类型
1	第三届"阳光直通车"项目宣讲会暨阳光控股各板块企业暑期实习分享会	I
2	简历制作技巧讲座	I
3	面试技巧讲座	I
4	职场形象与礼仪讲座	I
5	简历制作大赛	II
6	职业生涯规划指导讲座	I
7	写作能力提升技巧培训	I
8	参观走访阳光城	II
9	办公软件应用培训	I
10	参观走访阳光城物业	II
11	大学生职业生涯规划大赛	II
12	毕业生就业心理准备与心理素质培养	I
13	阳光城面试技巧指导讲座	I
14	暑假实习	II

课程结束后，根据阳光控股各产业板块的实习需求（含人数、专业和综合素质需求等）推荐顺利结业的学生实习，2018 年暑期，学校共推荐百余名学生进入各板块实习，学生

实习收获颇丰，以下是学生的实习分享：

2015 级财务管理的黄同学：在"阳光"，从实习之初，部门经理就给我安排了导师，从导师的耐心指导到同事轮流带我参加实务工作，在这个过程中，同事们会无私地和我分享工作经验，分析工作中遇到的问题，哪怕我做错了，得到的也是更加耐心的指导。在实习结束后，部门经理还送给我一本印着阳光控股 Logo 的笔记本留念。在我生日当天，导师送给我阳光城执行副总裁吴建斌撰写的书。从实习至今，我始终能感受到温暖。在"阳光"，我接触到更加广阔的世界。阳光控股是一个全球化、多元化的平台，出于完成部门业务的需要，我有幸跟随同事与不同的单位进行业务交流，在这个过程中我更好地了解到不同企业的文化，开阔了自己的视野，同时也确定了自己未来的就业方向。

2015 级会计学 2 班的柯同学：我很庆幸我可以跟随差别如此之大的两个姐姐学习，"稳重"的琳姐教会了我做事不拖泥带水，事情要考虑全面，能一次搞定的绝不跑两趟；"心细"的财务小姐姐也告诉我，做财务每天都是直接或者间接地面对各种各样的数字，细心是特别重要的，更要合理安排时间，切忌因为自己耽误他人的工作。

（二）产业专班培养——以"营销精英班"为例

"管销精英班"是阳光城营销中心与阳光学院为培养营销人才组建的产业专班，其目的是强化产教融合的人才培养方案，加强阳光城与阳光学院的校企合作，从源头培养更具有"阳光"文化基因、懂业务、高敬业、讲情怀的"阳光"人才，形成造血功能，源源不断地向企业输送优质新生力量。

双方经过协商，决定采用以"企业课程＋求职技能课程＋企业实习"方式定向培养企业需求人才，其中企业课程与实习由阳光城制定培养流程（见表 6-8）、选派教师授课（见表 6-9）、进行教学管理等，并制订与之匹配的考核方案：随堂考核成绩占比 20%，上岗演练成绩占比 40%（由项目营销经理评分），结业答辩成绩占比 40%，课程结束后给考试合格的学生颁发阳光城集团营销管理培训结业证书。为了激励学生，该专班还设置了奖学金制度：第一名 5000 元；第二名 3000 元；第三名 1000 元。

表 6-8　营销精英班培养流程

阶段	地产营销课程培训	上岗演练	结业答辩	结业	招聘及留任
时间	11月—次年4月	次年6—8月	次年9月	次年9月	9月之后
对象	营销精英班	营销精英班	营销精英班	营销精英班	已结业学生
内容	安排地产营销课程及阳光文化课	学生在营销部门进行实操训练	营销精英班结业答辩	综合三次考核成绩，授予结业学生"阳光城营销管理培训结业证书"	前10名可提前拿到offer,其余学生择优直接进入秋招终面阶段

表 6-9 营销精英班授课安排

课程类别	课程内容	课程名称	授课人员
阳光城通识课程（2课时）	阳光城通识课程	阳光城企业发展历程及企业文化	阳光城助理总裁兼集团营销管理中心总经理陈友锦
		阳光城产品与户型推介	阳光城福州区域公司建筑设计总监王胜平
房地产各职能通识课程（8课时）		实地参观福州区域公司檀境项目	
	地产工程管理	工程管理体系解读	阳光城福建公司总经理刘维建
	地产投资管理	房地产投资拓展	
	地产运营管理	房地产开发全流程介绍	阳光城福州区域公司营运高级经理江路
	地产财务管理	房地产开发中基础财务管理知识	阳光城福州区域公司财务副总监檀儒胜
营销管理各条专业培训（22课时）	市场研究	市场研究入门	阳光城福州区域公司市场经理陈支泉
	策划基础	房地产策划推广分享	阳光城福州区域公司策划助理经理余文彬
	渠道拓展	客户拓展核心策略及战术	阳光城福州区域公司渠道助理经理韦华东
	销售能力	销冠面对面	阳光城福州区域公司大都会项目销冠施梁悦
	谈判能力	销售谈判技巧	阳光城福州区域公司案场主管（营销光之子）俞立成
	销支管理	销支工作解析——助攻手&守门员	阳光城福州区域公司销支高级经理戴巍
	品牌公关	阳光城品牌分享&如何做好项目定位	阳光城福州区域公司品牌策划副总监张伟强
	营销管理	如何成为优秀的房地产营销人	阳光城助理总裁兼集团营销管理中心总经理陈友锦

以上授课结束后，在线安排课程考试：考试形式为"问卷星"在线考试，通过电脑端口作答；考试题型为单选题（10题，20分）、判断题（5题，10分）、简答题（5题，50分）、综合题（1题，20分）。理论课程结束后，针对授课的形式和内容，学生做出如下评价：

市场营销专业曹同学：营销精英班的课程不同于学校的其他课程。通过一个学期的学习让我了解到许多房地产行业相关知识。虽然上课的内容都是围绕着房地产行业，但我认为更有价值的是老师传授给我们的方法和思想，这些方法在我看来是各个行业通用的，毕竟营销无处不在。我在大三就能够提前学到他人在社会上工作多年得出的经验，可以说是赢在了起跑线上。平时课堂上老师的工作分享也让我提前了解了我感兴趣的行业，对于我未来的就业有着很大的帮助。

电子信息工程专业陈同学：作为营销班的学生，通过这一学期的课程学习，我收获颇多。我不仅增长了房地产方面的知识，还掌握了基本的销售技能。营销精英班的学习让我确信"想要年薪百万不是没有可能"。在授课过程中，来自阳光城营销中心的骨干精英们，将业务知识通过一个个鲜活的案例讲给我们听，也跟我们分享了他们精彩的实战经历；无论是课上还是课后，老师们都保持与我们的互动交流，不断地加深我们的学习。我很期待学习结束后的实习上岗，希望能够在实践中检验自己。

考试结束即意味着营销精英班理论授课部分结束，下一环节为上岗演练。阳光城营销中心挑选了以福州、厦门市域为主的 10 个项目，安排有意向继续接受培养的 70 名学生进行为期近三个月的上岗演练，由每个项目营销经理负责管理与培养，指定一对一的导师进行业务指导，同时进行相应的业务量考核。

三、用才：优质就业创业在"世界 500 强"（大四阶段）

经过前三年的选拔、培养，在大四阶段，学校将"阳光直通车"专班中的优秀学生输送至"世界 500 强"企业阳光控股，最终实现学生高质量就业、创业。

（一）"定制"的"产业专班"学生如期就业

经过结业答辩，综合学生考核情况，营销精英班中有 7 名学生最终直接提前获得聘用，成为阳光城营销"光之子"，其余表现优秀的 25 名学生直接进入"秋招"终面阶段，大大简化了校招的流程。

（二）专班学生通过阳光控股专场招聘入职"世界 500 强"企业

阳光控股旗下各产业板块联合召开秋季专场校园招聘会，以及各板块单独组织校园招聘会，面向"阳光直通车"专班学生进行招聘录用。

2019 年，经过 7 场专项招聘会，我校共有 96 名学生被阳光控股各板块录用，分布如表 6-10 所示。

表 6-10　2019 年阳光控股各板块录用"阳光直通车"专班学生人数

阳光控股产业板块	录用人数	主要就职方向
阳光城	69	阳光城："光之子"、阳光城物业、建筑板块等 阳光教育：福州阳光国际学习、阳光教育集团等 阳光资本：福建星网锐捷通讯股份有限公司
阳光教育	16	
阳光金融	5	
阳光资本	4	
龙净环保	2	

通过"阳光直通车"专班的培养，被"世界 500 强"企业阳光控股录用的学生逐年增加，实现了精准推送。学生经过在校 4 年的提前培养，认同阳光文化，一上岗即能融入岗位，大大减少了入职之后的培养时间，同时也降低了企业培养成本。

（三）实验班学生通过阳光城合伙人计划实现创业

为培养独立自主运营项目的合伙人、阳光城的战略合作伙伴、具有独立法人资格的青年建筑企业家，阳光城面向阳光城土木工程实验班优秀毕业生、"阳光直通车"专班中财会类专业的优秀毕业生开启了"未来企业家暨百名项目合伙人"计划，从中选拔自主创业意识强烈，愿与企业共同进步、长足发展，具备"敢想、敢做、勇于担当"的企业家精神，具有一定经济实力，能提供 30 万 ~300 万元不等的项目股本金（其中 10 万元为学校提供的免息创业基金）的"未来企业家"，并为他们量身定制了培养计划。

整个项目的培养过程如下：

（1）双方共同选拔具有合伙人潜质的学生，使其参与阳光城土木工程实验班"3+1"的培养，并持续跟踪合伙人的成长情况。

（2）阳光城在主要承建地产项目中为合伙人匹配适宜的项目，搭建优质资源库平台。

（3）阳光城对见习合伙人进行准入评估，通过者可出资参投项目，正式成为参股合伙人。

（4）阳光城甄选成熟可靠的合伙人及经验丰富的项目经理作为见习合伙人导师，培养其专业技能和企业家精神，并依托现有成熟管理体系，结合实际进行全程辅导，使见习合伙人快速成长。

（5）阳光城对见习合伙人进行前期支持，包括组织投标、组建管理团队、项目运营过程测算、项目经营责任状签订。过程协助：监督项目运营协助与地产沟通，协助项目结算及关账等。完工复盘：对完工项目开展复盘、评估，并对见习合伙人评价。因学生社会经验较浅，承担风险的能力较弱，为保障学生利益，阳光城与学校双方协商的同时还出台了相应的保障机制。经过层层的选拔和考核，最终在阳光城土木工程实验班中选拔了 3 位"未来企业家"，学校审批给予 10 万元免息创业基金（该基金来源于阳光控股创始人、阳光学院董事长林腾蛟先生在学校设立的 10 亿元创业基金）。

另外，未进入阳光控股就业的"阳光直通车"专班学生也因其有着较高的综合素质，近 80% 学生就业于龙湖集团、福建东百集团、中国建设银行等知名企业，或考入党政机关单位。通过第三方数据调查公司（福州市开拓市场调查有限公司）针对"阳光直通车"专班 363 人所在的用人单位的调研数据，可看出用人单位对我校"阳光直通车"专班培养出来的毕业生的满意度（如图 6-1 所示）、就业竞争力的评价（如图 6-2 所示）都相对较高，数据源自学校 2019 届毕业生就业质量报告。

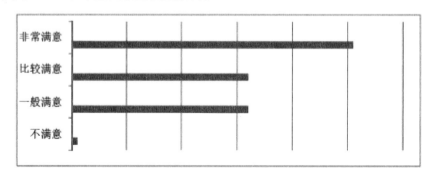

图 6-1 用人单位对 2019 年"阳光直通车"专班毕业生的满意度

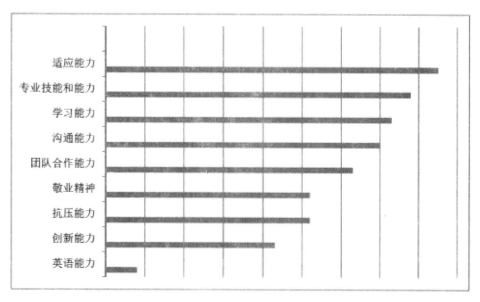

图 6-2　用人单位对 2019 年"阳光直通车"专班就业竞争力的评价

第三节　共促学生就业创业的成效

在产教发展共同体的模式下，学校和企业通过共同制订培养方案、共享师资、共建课程、联手参加创业赛事，将行业前沿知识引入课程教学，将学生提前带入实践应用场景，有效激发学生创新创业的意识，拓展学生创新创业能力，从而催化了学生自主创业，以创业带动就业，解决自身与他人的就业问题，促进学生更充分就业。对学校而言，毕业生充分就业、高质量就业、创业等均能提升学校的社会正面影响力和美誉度，吸引力充足且高质量的生源，从而促进人才培养的高质量发展，提高民办高校的综合竞争力，使学校实现可持续、快速健康发展，综合而言，即就业促招生、招生促发展。对企业而言，人才是企业发展的核心，决定了企业发展的持久性。企业与高校产教深入融合，创新了企业人才战略模式，满足企业高质量人力资本的要求，提升企业发展质量与速度。

一、创业教育的含义

1989 年，联合国教科文组织在北京召开的面向 21 世纪教育国际研讨会上，首次提出了创业教育（Enterprise Education）的概念。创业教育被联合国教科文组织称为教育的"第三本护照"，被赋予了与学术教育、职业教育同等重要的地位。创业教育的特性表现在以下几个方面：

①创业教育不是一个独立的教育体系，而是对传统的适应性、守成性、专业性教育的改造、延伸和提升。

②创业教育是基础教育、职业教育和继续教育三大教育体系的整合。

③创业教育是知识教育、能力教育和情感教育的整合。

④创业教育是一种理念，是培养人的创业意识、创业思维、创业技能等各种创业综合素质，并最终使被教育者具有一定的创业能力的教育。

（一）创业教育的概念

什么是创业教育？联合国教科文组织是这样定义的：创业教育，从广义上来说是指培养具有开创性的个人，它对于拿薪水的人同样重要，因为用人机构或个人除了要求受雇者在事业上有所成就外，还越来越重视受雇者的首创、冒险精神，创业和独立工作能力以及技术、社交、管理技能。

美国 CELCEE（企业家教育）是这样定义创业教育的：创业教育是指提供人们以概念和技能辨识他人忽略的机会，具备洞察力、自我评估能力和知识技能，在他人犹豫不决时果断地行动的过程。它包括机会辨识、面对冒险时的资源调度以及进行商业冒险等方面的教育；同时，它也包括商业管理运作过程中的教育。因此，创业教育既是一种素质教育，也是对企业创建和新创企业管理运作的教育。

目前，研究者对创业教育的定义因研究对象及研究目的的不同而存在一定的差异，主要可以归结为以下两类：

①人才说。以培养创业者为导向，认为创业教育的目的就是培养能够创造工作岗位的人，即自主创业。

②素质说。以培养企业家精神为依归，认为创业教育是为了培养和提高创业者的素质，特别是创业精神和创业能力，以更好地适应工作的要求，即岗位创业。

综上所述，创业教育可以定义为：通过高校课程体系、教学内容、教学方法的改革以及第二课堂活动的开展，以开发和提高学生的创业基本素质为目标，培养具有开创性个性人才的教育思想和教育实践，不断增强创业意识、创业精神和创业能力，并将其内化成自身的素质，以催生时机成熟条件下的创业人才，为未来社会的经济发展发挥个体与群体的主动性和创造性。

（二）创业教育的内涵

创业活动要求学生具备自主、自信、勤奋、坚毅、果敢、诚信等品格与创新精神，要求学校培养未来创业者与领导者的成就动机、开拓精神、分析问题与解决问题的能力。创业教育的宗旨在于培养学生的创业技能与开拓精神，因此，创业教育的内涵包括以下几个方面：

①通过创业教育将创业者的创业经验、创业知识和创业技能，以及他们对创业的理解传递给学生。

②通过对学生进行创业教育，将创业精神内化为学生的精神气质，使创业成为学生的一种生活方式和思维方式。

③通过进行创业教育，培养学生的创业素质和企业家精神。不管学生将来是否自己创业，他们都会因为拥有了这种精神气质而使工作更具有开拓性、创新性和进取性。

二、高职院校开展创业教育的必要性

高职院校开展创业教育的必要性主要体现在以下几方面：

（一）开展创业教育是创新型国家建设的迫切需要

加强知识创新和技术创新，发展高科技，实现产业化，是解决我国经济发展面临的深层次的问题，是提高国民经济综合实力，实现跨越式发展的紧迫要求，也是应对国际竞争，确保中华民族在 21 世纪立于不败之地的战略抉择。据统计，我国科技成果的转化率仅有 6%~8%，而发达国家为 50% 左右，即使是在中关村这样一个人才密度远高于美国硅谷的地方，科技成果的转化率也仅有 20%，而美国硅谷却高达 60%~80%。建设创新型国家的首要问题是在全社会培育创新精神，关键是使企业成为创新主体，核心要素是造就大批创新型人才。而创新精神的培养、企业创新主体地位的确立、创新型人才的造就，在很大程度上都依赖于创业教育，这是时代和现实的必然要求。

（二）开展创业教育是世界经济一体化发展的需要

从世界角度来看，伴随着知识经济的降临而萌发的创业教育，正在成为全球高等教育发展和改革的新趋势，并且已经延伸到职业教育和基础教育领域。一方面，创业教育从学生的实际出发，根据经济社会的发展变化，通过各种教育手段，提高学生发现问题、分析问题和解决问题的能力；另一方面，创业教育特别强调培养学生的自我意识、参与意识和实干精神，使学生掌握创业技能，以便能在社会生活中灵活地进行创业活动。

（三）开展创业教育是高等教育改革的迫切需要

随着高等教育和职业教育改革进程的加快，从精英教育到大众化教育的转变导致就业压力很大，如何有效地解决毕业生就业问题，将是一个严峻的问题。《中华人民共和国高等教育法》规定"高等教育的任务是培养有创新精神和实践能力的专门人才"，充分体现了高等学校的作用和任务。要进行完整的教育，特别是创新教育，应以创业教育，培养学生的创业意识（精神）和能力为基础，使大学毕业生"不仅成为求职者，而且逐渐成为工作岗位的创造者"。实施创业教育，可以培养和造就数以百万计有创业精神和创业能力的小型企业家，这既可增强国家的经济活力，又可优化人力资源配置，缓解社会就业压力，使学校毕业生不仅是求职者，更是工作岗位的创造者。

（四）开展创业教育是促进学生个体发展的必然需要

现代社会对大学生的要求越来越高，不仅需要大批知识扎实、能力强、心理素质高、具有开拓创新能力的高级专门人才，而且还需要一批能创造就业机会的人才。当代学生也更加关注个性化发展，越来越多的学生以创业为目标，追求最大限度发展个性、实现自身价值。同时，面对激烈的就业竞争压力，不少学生在掌握基本技能的同时也迫切希望学习一定的创业知识，这就要求学校通过开展创业教育，开发和提高学生的创业基本素质，培养和提高学生的生存能力、竞争能力和创业能力等。

三、催化学生自主创业

（一）以学引创——"产教发展共同体"模式下的学习引导学生创新创业

产教融合为学生在校学习期间提供大量的企业真实工作经历，专业实践教学环节可面向企业真实生产环境设立，在学中做，在做中学。如高校计算机科学与技术专业学生毕业设计选题全部来源于企业，可让学生直接参与项目开发、管理、运作等各个工作环节，"在企业导师的带领指导下，学生能尽快地适应企业的实际生产环境，少走弯路，少犯错误，并在过程中不断提高工程应用能力"。企业生产环节与学习环节的有机结合让学生能够直观了解行业、企业发展最新动态，使学生在获取专业知识的同时积累创业储备，走到离创新创业最近的地方。

（二）以赛促创——"产教发展共同体"模式下校企联手参加各类赛事促进学生创业

2015年5月，国务院办公厅印发了《关于深化高等学校创新创业教育改革的实施意见》，要求强化创新创业实践，举办全国大学生创新创业大赛，办好全国职业院校技能大赛，支持举办各类科技创新、创意设计、创业计划等专题竞赛。学校鼓励学生参加国家级、省级各类创新创业大赛、学科竞赛，如中国"互联网＋"大学生创新创业大赛、国家大学生创新创业训练计划项目等，而企业导师是竞赛最好的资源。企业导师可以将企业生产、研发中遇到的问题进行立项，与学生、专业教师联合申报国家大学生创新创业训练计划项目（国家大学生创新创业训练计划旨在通过强化学生创新创业能力训练，增强学生的创新能力和在创新基础上的创业能力），学生在企业导师和专业导师的指导下运用专业知识研究、解决实际问题。如项目结题验收考核为优秀，企业导师与专业导师可继续指导学生将项目成果参加创新创业大赛或学科竞赛，在竞赛活动中，学生学习兴趣和克服困难的毅力增强，学习积极性得到充分发挥，有利于学生创新能力的培养，也有利于促进学生创业。学校自2016年以来，校企双方联合申报了国家大学生创新创业训练项目近60项，获得国家级立项16项。

（三）以创业带动就业——促进毕业生充分就业，实现学生自身价值

就业是最大的民生。2017年4月，国务院下发的《关于做好当前和今后一段时期就业创业工作的意见》中明确提出，要促进以创业带动就业；2018年9月，《国务院关于推

动创新创业高质量发展打造"双创"升级版的意见》出台，持续推进创业带动就业能力升级："培育更多充满活力、持续稳定经营的市场主体，直接创造更多就业岗位，带动关联产业就业岗位增加，促进就业机会公平和社会纵向流动，实现创新、创业、就业的良性循环"。创业带动就业的最大特点就是要形成"一人创造一批岗位"的就业模式，它突破了传统的"一人一岗"的就业模式，变加法为乘法。大学生创业在解决了自身就业问题的同时创造了更多的就业岗位，提供给其他就业者，将自我价值与社会价值统一起来，缓解了社会的就业压力，促进了更充分地就业。

四、保障学校持续发展

人才培养质量是高校发展的核心，而毕业生就业工作是检验人才培养质量的重要指标。近几年，产教融合发展共同体的育人模式已成为高校提升人才培养质量的重要载体之一，通过产教融合共同发展，毕业生就业工作成效越来越显著，毕业生就业率、专业对口率、薪酬水平、学生就业满意度、自身职业期待吻合度、用人单位对毕业生的评价等都逐年提升，如图 6-3 至图 6-8 所示。

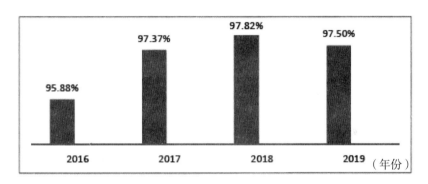

图 6-3　2016—2019 年就业率

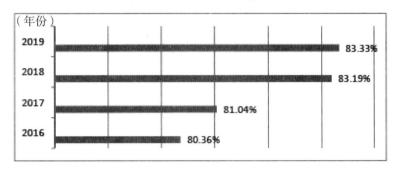

图 6-4　2016—2019 年专业对口率

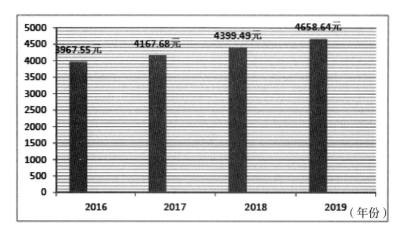

图 6-5　2016—2019 年薪酬水平

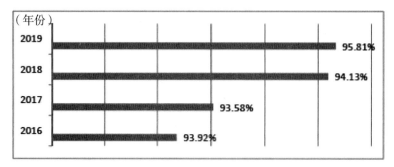

图 6-6　2016—2019 年薪酬水平

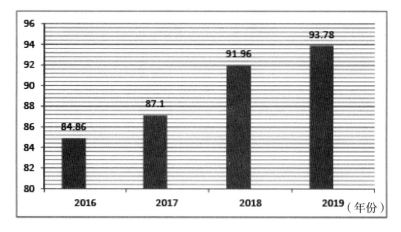

图 6-7　2016—2019 年学生自身职业期待吻合度

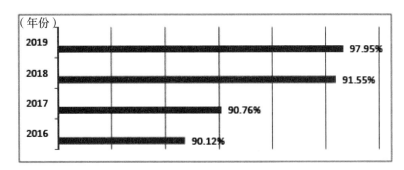

图 6-8　2016—2019 年用人单位对毕业生的满意度

毕业生的高就业率与高质量就业提升了本校的社会影响力和美誉度，各主流媒体积极报道学校的就业成效，从而吸引了更多的高质量生源。从某种程度上说，就业率高低是考生和家长在报考时衡量学校的重要标准之一。近几年来，高校就业率及就业质量的提升，使得招生报到率与招生质量也随之提升。

学校以高质量的生源促进了人才培养的质量发展，坚持育人为本、特色办学，不断增强民办高校人才供给的适应性和灵活性，提高民办高校的综合竞争力，服务于区域经济发展，在激烈的办学竞争中赢得主动，实现可持续、快速健康发展。

五、创新企业人才战略

《国家中长期人才发展规划纲要》中序言部分对"人才"做出如下定义："人才是指具有一定的专业知识或专门技能，进行创造性劳动并对社会做出贡献的人，是人力资源中能力和素质较高的劳动者。人才是我国经济社会发展的第一资源。"人才是企业发展的核心，决定了企业发展的持久性。进入全球化时期后，企业从未停止过对人才的争夺，且愈演愈烈。由于信息化加速了人才流动，故而企业吸引、激励和留住人才的成本也越来越高，若要打造"未来企业"，需要不断重新思考自己的人才战略。企业人才战略重点包含两个部分：第一是"质"，即人才质量——人才的能力要求达到的水平，与企业所处的行业和市场竞争环境相关；第二是"量"，即人才数量——企业需要的人才数量，与企业的业务发展情况相关。根据人才质量与数量的匹配，可以将企业人才战略分为五种类型：

（1）掠夺型战略。既追求人才数量，也追求人才质量。

（2）精英型战略。追求人才质量，但不追求人才数量。

（3）规模型战略。追求人才数量，但不追求人才质量。

（4）收缩型战略。对人才数量与人才质量的要求都较低。

（5）稳健型战略。对人才数量与人才质量都保持中等的要求。

而今，随着企业与高校产教深入融合，高校创新企业人才战略模式，我们称之为"定制型战略"。该战略既保障了人才数量，也保障了人才质量，同时将人才队伍培养的时间提前 1~2 年，学生在校期间是对知识最渴求且对社会认知较为简单的阶段，此时企业结合专业技能知识将企业文化输入给学生，可大大增强学生对企业文化的认同感，从而提高学生对企业的忠诚度。该战略可提前布局企业人才战略方向，盘点、筛选和评估现有人才，确定下一步符合企业战略目标的人才要求，形成人才地图，全面提升人才培养的针对性和适用性，缩短人才培养周期，满足企业高质量人力资本的要求，将企业人才培养推向一个更高的层次与水平，进而提升企业发展质量与速度。近几年，高校院通过产教融合定向培养的方式，向合作企业输送了一批又一批的毕业生，其中有的已经成为企业骨干人员。在现代化经济体系中，企业已不再是单纯的产品生产者和服务提供者，更是技术创新和技能人才的重要需求者和孵化者。对于企业而言，深化产教融合也是培育市场创新主体、打造产业核心竞争力的内在需求。

后 记

光阴似箭，时光荏苒，转眼间，本书的撰写工作已经接近尾声，颇有不舍之情。因为本书是笔者在对产教融合视域下高职院校学生发展进行研究后所撰写的作品，倾注了笔者的全部心血，虽然辛苦，但是想到本书的出版能够为产教融合视域下高职院校学生发展研究提供一定的帮助，笔者颇感欣慰。同时，本书在创作过程中得到社会各界的广泛支持，在此表示深深的感谢！

党的十九大报告提出，要强化产教融合，加强校企合作。产教融合能够让高职院校人才培养更加符合企业与市场的需求，使得人才培养更具针对性，还能缩短高职院校技能型人才的培养周期，提升人才的培养效率。因此，产教融合是高职院校深化体制机制改革、加快内涵式发展、服务经济社会发展的重要战略举措，高职院校深化产教融合具有多重维度的利益诉求。高职院校需以多元共治理念为基础，完善产教融合体制机制，以资源优化配置为依托，拓宽产教资源融通渠道，以产教融合为载体，加大产教协同创新力度；以专业课程改革为支撑，提高职教服务产业的能力。以期发挥产教内在耦合效应，创新产教融合人才培养模式，缓解人力资源供给侧结构性矛盾，助推经济结构调整与产业转型升级。

2017 年 12 月，国务院办公厅印发的《关于深化产教融合的若干意见》明确指出："用10 年左右的时间，在总体上形成教育和产业统筹融合、良性互动的发展格局。"在"双高计划"背景下，高职院校肩负着更高要求的人才培养目标和技术服务责任，落实产教融合是高等职业教育深化改革的有力抓手与关键所在。深化产教融合，促进教育链人才链与产业链创新链的有机衔接，从产教融合上升为命运共同体，有利于培养大批的高素质技术技能人才与创新实践人才，提升我国高等职业教育服务产业高质量发展的能力与水平，推动我国成为人才强国、教育强国和制造强国。

虽然本书的撰写工作已接近尾声，但是产教融合视域下的高职院校学生发展研究仍在不断地演进，这也就决定了关于产教融合视域下高职院校学生发展研究工作依然任务艰巨。作为高职院校的教师，我们会不辱使命、潜心研究、积极探索、力求突破，承担起教书育人的光荣职责，为高职院校的快速发展贡献自己的力量。

参考文献

[1] 王凤领．地方本科高校产教融合应用型人才培养研究 [M].北京：中国水利水电出版社，2020.

[2] 乔海曙，路华．应用型人才培养模式：产教发展共同体 [M].北京：中国社会科学出版社，2021.

[3] 刘英霞．服务学生发展，成就出彩人生：高职教育学生发展性教学评价理论研究与实践 [M].北京：中国纺织出版社，2020.

[4] 卢立红．新时代高职院校产教融合策略与实践研究 [M].北京：北京工业大学出版社，2021.

[5] 蒋新革，新时代高职产教融合路径研究：以"入园建设、育训结合"为特征的产业学院育人模式研究 [M].广州：中山大学出版社，2021.

[6] 蒋新革．新时代高职产教融合路径的探索与实践 [J].职教论坛，2020（1）:123-127.

[7] 蒋新革．产教融合视域下产业学院治理体系建设研究 [J].职业技术教育，2020（24）：30-34.

[8] 李丹．产教融合背景下"双师型"师资队伍建设研究 [J].前沿，2018（5）:39-45.

[9] 张连绪，韩娟．产教融合背景下高职院校产业学院的建设路径 [J].广州城市职业学院学报，2019（13）：1-4.

[10] 赵薇．产教融合校企合作背景下高职院校"双师型"师资队伍建设的研究 [J].人力资源管理，2019（12）：99-100.

[11] 黄彬，姚宇华．新工科现代产业学院:逻辑与路径 [J],高等工程教育研究，2019（6）：37-43.

[12] 李海东，黄文伟．粤港澳大湾区视阈下区域产业学院发展的若干思考 [J].高教探索，2020（3）：23-28.

[13] 孙振忠，黄辉宇．现代产业学院协同共建的新模式:以东莞理工学院先进制造学院（长安）为例 [J].高等工程教育研究，2019（4）：40-45.

[14] 季瑶娴．高职院校产教融合三链合一人才培养模式探索 [J].职教论坛，2020（1）:133-138.

[15] 朱艳峰，贺佐成，叶雯，等．基于产业学院的协同育人模式探索与实践 [J].中国职业技术教育，2020（20）：58-63.

[16] 许文静，整体性视域下产业学院内部结构的治理逻辑研究 [J]. 中国职业技术教育，2018（29）：12-16.

[17] 李宝银，汤凤莲，郑细鸣 . 产业学院的功能设计与运行模式 [J]. 教育评论，2015（11）：3-6.

[18] 吴新燕，席海涛，顾正刚 . 高职产业学院绩效考核体系的构建 [J]. 教育与职业，2020（3）：27-33.

[19] 孙长柸 . 高职院校治理体系建设的应然与实然比较 [J]，职教论坛，2019（5）：149-154.

[20] 李艳，王继水，我国产业学院研究：进程与趋势：基于CNKI近10年核心期刊的文献研究 [J]. 中国职业技术教育，2020（3）：22-27.

[21] 郭金龙，龚绍波，李银春 . "互联网＋"时代高职院校学生职业核心素养培育 [J]. 河北职业教育，2019（3):20-24.

[22] 李光，秦可越 . 职业教育核心素养培育研究 [J]. 河北大学成人教育学院学报，2019（2）：70-74.

[23] 黄兆信，王志强 . 高校创业教育生态系统构建路径研究 [J]. 教育研究，2017（4）：37-42.

[24] 李宁怡，米靖 . 高等职业院校创业教育研究综述 [J]. 中国职业技术教育，2017（30）：91-95.

[25] 廖忠智，葛滨，张欢迎 . 高职院校推进校企合作、产教融合长效机制改革的研究与实践 [J]. 湖南邮电职业技术学院学报，2019（1）：44-46.

[26] 张静 . 职业教育"产收种合校企合作"政策落地的地方实残 [J]. 中国职业技术教育，2020（16）：49-53.

[27] 顾志祥 . 产教融合型企业建设的政策演进与路径优化 [J]. 教育与职业，2020（14）：56-61.

[28] 李瑞，陈加强 . 创新创业驱动下大学生就业指导工作的审视 [J]. 教育与职业，2019（5）：61-64.

[29] 古翠凤，喻晶晶 . 产教融合背景下"双师双能型"教师团队建设 [J]. 集美大学学报（教育科学版），2018，（6）：10-14.

[30] 杨波，戴飞 . 产教融合视角下高职学生核心能力培养的有效路径研究 [J]. 科技经济市场，2018（11）：123-124.

[31] 周馨维，程望斌，刘硕卿，等 . 基于产教融合的人才培养策略与路径研究 [J]. 电子技术，2018，47（12）：56-58.

[32] 成立平，刘春艳 . 实训基地产教融合人才培养路径探究 [J]. 职教通讯，2018（12）：56-59.

[33] 卢坤建，周红莉，李作为 . 产业学院推进产教深度融合的时间探索：以广东轻工

职业技术学院为例 [J]. 职业技术教育，2017(23):14-17.

[34] 陈鲁雁，刘睿 . 论深化学分制改革的关键性问题 [J]. 云南民族大学学报，2020（ 9):126-130.

[35] 程莉 . 浅谈大学生就业问题 [J]. 高教论坛，2020(8)：290-290.

[36] 张忠思 . 浅谈大学生就业现状与对策研究 [J] 才智，2021(17)：165-167.